父母学校书系
PARENTS' SCHOOL
美好家庭 科学教育

How Understanding the Five Types of ADHD
Can Help You Improve Your Child's Self-esteem and Attention

Fire Child　Water Child
火孩子　水孩子
儿童多动症的五种类型及帮助孩子提高自尊与注意力的方法

[美] 斯蒂芬·斯科特·考恩 著
刘洋 译

STEPHEN SCOTT COWAN

著作权合同登记：图字 14-2017-0360

图书在版编目（CIP）数据

火孩子　水孩子：儿童多动症的五种类型及帮助孩子提高自尊与注意力的方法 /（美）斯蒂芬·斯科特·考恩著；刘洋译. -- 南昌：江西教育出版社，2018.8
（父母学校书系）
ISBN 978-7-5392-9414-8

Ⅰ.①火… Ⅱ.①斯… ②刘… Ⅲ.①儿童多动症－家庭教育 Ⅳ.①R748②G78

中国版本图书馆 CIP 数据核字(2017)第 158269 号

版权声明
FIRE CHILD, WATER CHILD: HOW UNDERSTANDING THE FIVE TYPES OF ADHD CAN HELP YOU IMPROVE YOUR CHILD'S SELF-ESTEEM AND ATTENTION
By STEPHEN SCOTT COWAN, MD
Copyright © 2012 BY STEPHEN SCOTT COWAN
This edition arranged with NEW HARBINGER PUBLICATIONS through BIG APPLE AGENCY, INC., LABUAN, MALAYSIA.
Simplified Chinese edition copyright © 2018 JIANGXI EDUCATION PUBLISHING HOUSE Co., Ltd
All rights reserved.

火孩子　水孩子
——儿童多动症的五种类型及帮助孩子提高自尊与注意力的方法
HUOHAIZI SHUIHAIZI——ERTONG DUODONGZHENG DE
WUZHONG LEIXING JI BANGZHU HAIZI TIGAO ZIZUN YU ZHUYILI DE FANGFA
［美］斯蒂芬·斯科特·考恩/著　　刘洋/译

江西教育出版社出版
（南昌市抚河北路 291 号　　邮编：330008）
各地新华书店经销
江西省和平印务有限公司印刷
880 毫米×1230 毫米　　32 开本　　9.5 印张　　字数 160 千字
2018 年 8 月第 1 版　　2018 年 8 月第 1 次印刷
ISBN 978-7-5392-9414-8
定价：38.00 元

赣教版图书如有印装质量问题，请向我社调换　电话：0791-86710427
投稿邮箱：JXJYCBS@163.com　　电话：0791-86705643
网址：http://www.jxeph.com

赣版权登字-02-2017-477
版权所有　侵权必究

出版说明

家庭是社会的基本组成部分,也是人生的第一所学校。据《中国教育报》2017年12月14日报道,中国目前有3亿多未成年人家庭。在当下这样一个经济全球化、社会信息化与价值多元化的世界里,我们面对的挑战都是空前的;特别是技术发展的脚步如此之快,几乎每个人都能在时代的车轮声中本能地感受到威胁。在这种大环境下,父母们面对的挑战也是空前的,除了传统的教育问题,一些具有时代特征的教育问题也困扰着众多家庭:

如何开发孩子的智力?面对爱挑食的孩子我们该怎么办?孩子注意力不集中父母该怎么办?现代儿童和青少年要承受来自家庭、学校及同龄人的重重压力,身为父母的我们如何才能帮助孩子掌握压力管理的技能、情绪管理的方法,提高自我调节的能力,让他们健康快乐地成长?青春期的孩子有哪些特点、烦恼,身为父母的我们该如何帮助他们?什么时候和怎么样对孩子进行性教育?到底该不该在孩子未成年时就把他们送到国外去学习?发光的屏幕科技对孩子的大脑发育有哪些影响,我们该如何帮助孩子戒掉屏瘾?……

不仅是子女教育问题,还有家庭关系、夫妻关系等诸多问题也困扰和冲击着人们焦虑不安的心灵。迅速变化的社会,带来越来越多的不确定性,这就要求现代人特别是为人父母者需要不断地学习。

家庭教育最终要走向自我教育。家长通过自我教育,维系好夫妻感情,营造出和谐的亲人关系,其乐融融的家庭环境,这是教育好孩子的一个基本前提;如果通过学习能在脑科学、认知科学、发展心理学和教育学等科学的基础上做到真正的科学养育,那么就可以养育出身心健康的孩子,并为孩子未来的良好发展打好基础。

我们希望通过出版国内外专家学者的关于家庭建设、婚姻经营、亲子教育方面的书籍,为父母读者们带来一些启发,并在一定程度上提供有益的指导,帮助父母们更好地进行自我教育,于是我们精心策划了这套"父母学校书系"。书系将甄选国内外心理学、神经科学、教育学、认知科学等领域的权威专家和学者之图书作品,在这些作品中他们将与读者分享其多年的研究成果,以及经过实践检验行之有效的方法。希望这套书能成为父母自我教育的参考书,也提醒父母们在为孩子提供"面向未来的教育"的同时,为人父母者能起到表率作用:拥抱这个变化的时代,与时俱进;与孩子一起不断学习,共同成长。

编 者

2018年5月

目录

001　前言　Foreword

001　引言：我是如何解决注意力问题的
　　　Introduction: Mapping a Path to Attention

013　第一章：小儿多动症诊断问题
　　　Problems with the Diagnosis of ADHD

025　第二章：压力和注意力
　　　Stress and Attention

043　第三章：细看三大法宝
　　　Taking a Closer Look: The Three Treasures

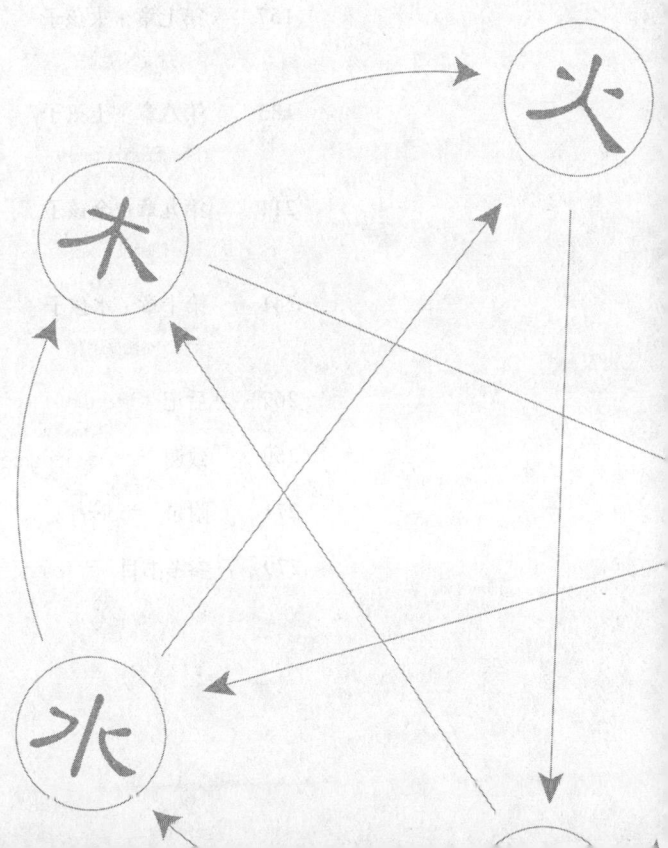

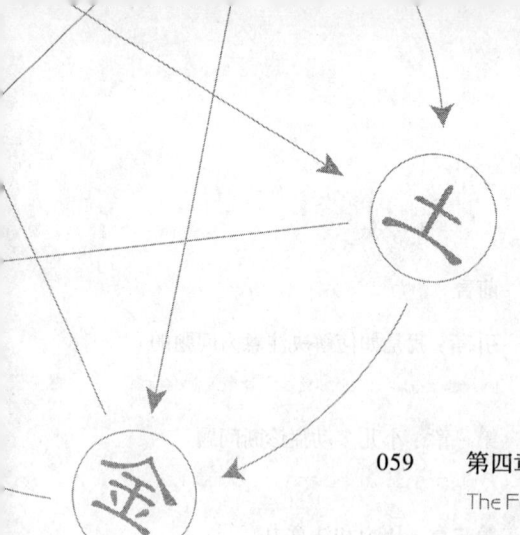

059	第四章：专注的五种类型	
	The Five Ways of Focus	
097	第五章：寻找解决之道	
	Mapping Solutions for Your Child	
127	第六章：木孩子	
	The Wood Child	
157	第七章：火孩子	
	The Fire Child	
183	第八章：土孩子	
	The Earth Child	
211	第九章：金孩子	
	The Metal Child	
241	第十章：水孩子	
	The Water Child	
267	后记 Afterword	
269	致谢 Acknowledgments	
271	附录 Appendix	
279	参考书目 References	

前 言
Foreword

父母们总是倾向于认为，孩子患有小儿多动症或是注意力缺陷障碍，是因为他们的大脑神经出了问题。他们被异于常人的冲动和举止所困扰，被贴上了病理标签。面对这种不祥的断言，父母们忧心忡忡，一头扎入相互冲突的各种意见中——有医学的、教育学的、社会学的，甚至伦理学的——困惑不已。他们被迫做出痛苦的选择，给孩子服用改变脑部或是精神的药物，这些药物往往带有副作用以及长期不明的后遗症。因此对形形色色的辅助治疗——控制饮食以应对食物过敏、服用营养补充剂、认知和学习干预等——进行分类整理，就成了一项令人望而生畏的任务。

斯蒂芬·考恩（Stephen Cowan）博士是一位极有天分的神经发育儿科医生，经过三十多年对成千上万名儿童的治疗实践，他感到现有的治疗方法有一定的缺陷，因此独创了一种新方法，对小儿多动症或是注意力缺陷障碍进行解析、阐释，重新分类。在本书中，他提供了一种全面评价的方法，以求确定每个被贴上了多动症或是注意力缺陷障碍标签的孩子的特殊情况。

考恩勾勒出五类性格的孩子，他们的多动症或是注意力缺陷障碍也呈现出五种类型。每种类型的孩子都有与生俱来的组织模式和天性，按照中医描述的五大原动力"金木水火土"分为五类。每一种类型的孩子都被某一特定的原动力主导，并决定他如何接收、理解与表达信息。

根据这五大类型来辨认孩子，让我们对他们内心的想法以及生活有了新的视角。这些类型塑造了他们的生活模式，终身影响着他们，是他们之所以与众不同的基础。

考恩借助灵活的理论框架，对于这一令人迷惑的疾病的原因及诊断，提出了一套融会贯通的看法。根据每种类型孩子的临床表现，他提出了有针对性的解决方案。而且，确定孩子的类型，他可以预测到孩子未来会面临的挑战，从而将问题消除在萌芽阶段，而不至于让它变成严重、持久的精神疾病。

在考恩还是小孩子的时候，考恩的父亲就把他引入艺术的世界。通过在新英格兰的森林写生，他学会了观察大自然的细节、图案和节奏,这极大地影响了他的思维方式和世界观。作为一名医师所接受的训练,加上经年累月形成的敏锐观察力,使他能够判断出什么可行,什么不可行,什么说得通,什么说不通。另外,借助中医和道家哲学思想,加深了他对人类生活的认识,扩展了他的医学知识疆域。从20世纪90年代早期开始,我和他就一起合作,试图在中医和西方儿科之间架起桥梁。

考恩既有作为学者对于生命终极性的强烈好奇心,也有作为临床医生帮助每一位孩子的决心,同时,作为一名艺术家,他也有提出一种全新方法的才能。他的这套体系不仅对治疗小儿多动症或注意力缺陷障碍有效,还可用于对整个神经系统发育异常的治疗。作为学生、老师、医生、艺术家、治疗师,考恩把他的知识、经验、热情、敏锐、精巧统统展现在本书中,无论是家长、老师、医师、研究人员、年轻人还是好奇者,只要认真阅读,仔细发掘,均可从中发现新鲜的见解和方法。

埃弗雷姆·康戈尔德(Efrem Korngold)
合著有《天地之间:中医简介》
(*Between Heaven and Earth: A Guide to Chinese Medicine*)
2011年春,鲑鱼河,克拉马斯国家森林

引 言

我是如何解决注意力问题的
Introduction : Mapping a Path to Attention

"小儿多动症不是病,而是一种症状。"每当我这样告诉家长,他们总是一脸困惑,"这有什么区别呢?疾病也好,症状也罢,可我的孩子一样有问题啊"。诚然,孩子注意力无法集中的确是个问题,但这并不意味孩子有什么病,也并不意味着孩子脑子里什么地方坏了,要修理下。诸如"脑子坏了""出问题了""要修理下"这样的话语,本身就像一种判决,会让孩子害怕、觉得内疚。本书不会散播恐惧,而是旨在培养一种同理心,让我们宽容不同看待世界的方式,尊重每个孩子表现出来的特质。

火孩子　水孩子 | FIRE CHILD　WATER CHILD

遇见好老师

　　1966年，披头士乐队正在试验新的音乐，民权运动也在如火如荼地进行，有史以来第一次，我们可以走出我们的星球，进入未知的太空探索。那是个令人兴奋的年代。当时我正读六年级，大部分的时间要么望着窗外发呆，要么就是在课本空白处乱画一气，如果碰巧画了好玩的，我周围的小孩就会哄堂大笑。也因此我常被老师拎出来，因为课堂秩序被我打乱了，作为惩罚，我会被留校，多做额外的作业。这一套我已经完全习惯了。在我的涂鸦里，有很多作品设计新颖，颇为新奇，就像窗外，树儿在风中摇摆，透着一股诗意。至于把大伙儿逗笑，则无疑反映了我的机智，虽然也有些不敬的意味在里面。

　　事情变糟是从我五年级时开始的，由于我注意力不集中，学校的心理老师已经对我进行了测试。如果你当时问我为什么上学，我的回答就会如同今天的孩子一样："因为我不得不上学。"终于，在一个早上，一切都爆发了，当时我在教室里心不在焉地走着，一不小心撞到了墙上，墙上贴的都是过去班级的照片，是老师的心爱之物，被我一撞，都"哗哗"地掉了下来。

Introduction ｜引言

幸运的是，我碰见了一位好老师，巴格尔曼（Baggerman）小姐，她后来也拯救了我的人生。当时她的反应很简单，但对我来说至死不忘。全班都在起哄，她严厉地告诉我到她桌前站着，并开始用红笔写信，让我带给我父母。她叮嘱我不要看信的内容，虽然她很清楚，我一离开教室就会打开信封看信。信上写着，"斯蒂芬在学校闯祸了，在班上不好好走路"，希望斯蒂芬父母接到信后尽快来见她，斯蒂芬也得来。就这些，没有其他内容。

当时我很狡猾，想过把信藏起来，我的房间乱七八糟，正好可以藏信，然后声称找不到。我也想过把它掉在水坑里，这样信就读不了了。最主要的是，我觉得随着时间慢慢流逝，这些问题最终会被人遗忘。但有一种莫名的力量驱使我必须把信交给父母，我猜可能是她把信交给我时那威严的神情吧。我会因此被踢出学校吗？我将会经受什么样的难以想象的惩罚啊？

我回家把信交给父母，只见母亲一边看信，一边脸色就起了变化，泪珠滚滚地流下来。我无力地辩解道："我不是故意的。"那天晚上，我一直惴惴不安地等着父亲大发雷霆，说对我失望透顶，但这一切却没有发生。上床睡觉前，我们全家开了一次大会，他们问我为什么老师说我在教室里不会好好走路,但我回答不出来。当时父母坐在我床边,他们小声说明天得去见老师,看看如何处理。

那个漫漫长夜里,我难以入眠,第二天早上去校园的路,似乎也比往常要更加漫长。弄到这般境地,我似乎是逃不掉惩罚了。在上课时,巴格尔曼小姐就像什么也没发生过一样。我甚至开始想象,也许问题就这样过去了。但下午的放学铃声一响,其他同学都走了,我看见我的父母在大厅等我。我的父亲,因为不得不提前下班,神情极为严肃,母亲以同情而关注的眼神看着我,我拼命忍住泪水。当周围安静下来,巴格尔曼小姐请我父母坐在她的桌前,那桌子就像小河马那么大。接着她指给他们看那面墙,墙上的照片已经七零八落。她询问了我过去几年无法在课堂上集中注意力的事情,然后她检查了我的课桌,把我的那些乱涂乱画的作品给我父母看。其中一幅是关于她的漫画,画得很不错,她看上去就像伍德罗·威尔逊(Woodrow Wilson)一样。我看看父亲,看他是否会发表一番幽默的评论,但他没有说话。巴格尔曼小姐对我父母说,除非我有大的改观,否则我今年将会留级。我目无尊长,耽于幻想,在她的课堂上,她不会允许这一切出现。然后她说了那句改变我一生的话,她说她确信还有一个聪明的我在我身上,希望我的父母能允许她"尽其所能",把我最好的一面发掘出来。

良久的沉默。我父亲问道:"您说'尽其所能',是什么意思?您不会打他的,是吧?"我父亲成长在20世纪20年代的英格兰,在那里,对孩子体罚是家常便饭,他对此是坚决反对的。我不禁倒吸了一口凉气。巴格尔曼小姐直视着我说:"我还不知道。"我睁大了眼睛,向我父母示意:"说不,说不呀。"但他们没有看我,而是盯着巴格尔曼小姐那坚毅冷峻的面孔。母亲转向父亲,凝视着他,一言不发。我不知道他们在想什么,在谈什么,这快把我逼疯了!最终沉默被打破了,父亲清了清喉咙,说:"如果您觉得可以帮到我的儿子,我们完全信任您。"巴格尔曼小姐只回了一句话:"我们必须试试。"

然后,我们就默默离开了。

巴格尔曼小姐的策略

从那天起,她开始做的事情让人注目。她从不给我贴标签,说我有什么毛病,或是需要什么药物治疗等诸如此类的话,虽然如果药物像今天这样触手可及的话,我很肯定她会第一时间让我试试。她所做的就是让我坐在班级第一排正对她的位置，每个问题她都让我第一个回答。日复一日，周而复始。刚开始我完全摸不着头脑，丝毫不知道如何在课堂上专心听讲。每当我对老师的问题浑然不觉时，同学们就会哄堂大笑，而她只是找其他学生来回答。这种情况持续几周后，我觉得窘迫极了，也非常生气。但巴格尔曼小姐依然很镇静，班级也没有失控。如果她觉得生气或是有挫败感，也没有流露出来。她的决心很坚定，绝不会放弃我。我想尽方法去动摇她的决心，我装可爱、扮可怜，但都不管用。我生闷气、闹脾气、对她视而不见，也都于事无补。

　　这样持续了不知多久之后，有一天出现了转机。那天她又提了一个问题，我因为料到又会被第一个问到，所以听得很仔细，并正确地回答出了问题。巴格尔曼小姐居然笑了，这是我第一次看见她笑。笑容稍纵即逝，但的确是朝我笑的，然后才转向下一个孩子。一种莫名的感动向我袭来。莫非上课注意听讲，就是这么一回事？我开始在课堂上全神贯注，等着我的下一个问题，当然我又答对了，她又笑了。对于她的笑容，我至今记忆犹新。这样简短的笑容让我充满了成就感。

　　随着日子一天天过去，我答对老师的问题越来越多，我的分数也水涨船高。我依然讨厌做作业，但作业依然不可少，对老师而言，作业很重要。短短几个月里，我的成绩就

Introduction | 引言

在班上名列前茅，我身边突然就出现了一些与以往不同的孩子，想要成为我的朋友。现在，当父母问我一天过得怎样时，我有说不完的话，而不是像以前那样只有一句干巴巴的"很好"。在那之前，我对什么问题的回答往往都是：很好。巴格尔曼小姐成了我的守护神，不久之后，她开始向我推荐一些书，尤其是一些名人传记。其中介绍托马斯·爱迪生（Thomas Edison）生平的传记以及关于显微镜的发明者安东·范·列文虎克（Anton van Leeuwenhoek）的书，都深得我心。我尤其喜欢以荷兰口音读出安东·范·列文虎克的姓名。

在我未来的人生探险历程里，我一次次经历着这种类似的感觉，它提醒我我是谁，让我体验一种全新的集中注意力的方式，从而跳出个人的樊笼，开始关注外面的事情。一旦我集中起精神来，我开始在乎老师对我的看法，开始在乎分数，愿意学习新东西。结果是，一个崭新的世界在我眼前打开了，等我去探索。

小心翼翼、一步一步让我的注意力转回到世界，这是巴格尔曼小姐对我做的，今天的老师不大可能会这样做。但凡对学生有一点惩罚的意味，这位老师就会被开除出去。当然我不是说体罚是应对问题的万全之策。如果现在的老师有时间来解决每一个学生具体的问题,就像巴格尔曼小姐对待我那样,他们会怎么做呢?我经常听到老师说:"如果我对强尼这样做,我就得一视同仁,对班上每个同学都这样做。"我并非暗示说要想让你的孩子集中注意力,你就得这样做。事实上,这正是我写本书的目的所在。巴格尔曼小姐花费很长的时间才了解她所面对的学生,寻找到解决办法。孩子不同,就要有不同的解决办法。所以,首先要了解的就是你的孩子属于哪种类型。

不同的人,不同的方法

我自身的经历,在某种程度上让我能够帮助成千上万受多动症困扰的孩子。巴格尔曼小姐开了个好头,但我花了好些年才弄清我是怎样学习的。一直以来我们都认为孩子的学习方式是一样的,但这种观点是不对的,这也是我写作这本书的初衷所在。就我而言,直到我后来上了医学院,我才意识到,学会如何集中注意力,是一件非常重要的事。我当时无法像我的室友们那样去学习,而只能琢磨出最适合自己的学习方法。首先我会问自己,外部信息是如何一步一步进入我的大脑的?每当我见到那些学习有困难的孩子,我也会首

Introduction | 引言

先问这样的问题。具体到我而言,我是属于通过上下文语境、图片和示意图来学习的。当我还在巴格尔曼小姐课堂上学习时,我在课本上的涂鸦就是明证。我一直以来都对绘画有天分,擅长记忆图像,这种能力似乎是与生俱来的。

到我上大学时,我在课堂上努力听讲,如果伴有插图,我就能很好地理解并记住课堂内容。我周围的人都是通过耳朵听来学习,而我是通过眼睛看来学习的。至今在我家阁楼,还有很多鞋盒,里面装满了一张张的小卡片,上面有表格,有箭头,写满了各种难以辨认的字迹。我自创了这种方法来学习医学院的解剖学和病理学。制作这些卡片花了不少时间,但这个过程其实并不枯燥。当我去医院实习,在随医生查房时,我都成明星了,因为在我脑子里,我能看见所有这些关联,而其他人还在想答案在哪一页。当我发现每个人都有不同的学习方法后,我也决定把我的专业方向定位于儿童发展。

后来我成了一位儿科医师,在我的行医之旅中,我越来越觉得有挫败感。我所受的教育体系喜欢把孩子们分成三六九等,给他们的问题贴上各类标签,呵斥他们,让他们终生服药。我开始思考,关于孩子的健康有没有什么更加整体的医疗方案,后来我遇见了哈里特·拜因费尔德

（Harriet Beinfield）和埃弗雷姆·康戈尔德，《天地之间》（1992）一书的两位作者。他们是我最早的老师，向我展示用中医的原理找出治疗方法，这与我对治疗孩子的理解是异曲同工的。中医崇尚多样化，凡事多讲相对，少讲绝对，从而避免了标签化的工具式思维。经过十五年的研究，我一次又一次地发现，自然界中水、木、火、土、金等神奇的力量，影响着我们的生活。我把这些原则贯彻到儿童发展领域，找到了一把钥匙，从而帮助了成千上万的孩子，改善了他们的注意力。

事实上，我写作本书，是为了帮你发现孩子的优势在哪里。在第一章，你会看到，对于小儿多动症的诊断存在哪些问题，为什么小儿多动症似乎在现代社会变得这么普遍。在第二章，你会发现压力与注意力之间的联系，我所谓的"整体儿科学"，就是对于影响孩子的各种因素进行通盘考虑。尤其我们会看到，哪些因素会让孩子有安全感，哪些则会削弱他们的安全感。在第三章，我们要近距离考察"三大法宝"，研究我们的大脑如何集中注意力，这也是真正理解注意力的第一步。在第四章，我们的研究会向纵深推进，我们会发现孩子集中注意力或走神的五大类型。这是本书的核心所在，它简单而有效，也是本书的创新所在。关于小儿多动症，大多数的书都只是泛泛而论，很少考虑每个孩子独一无二的天性。

对于想要融入这个社会的孩子，以及那些想要了解他们心爱的孩子、帮助孩子掌控注意力的家长而言，本书是为他们而作。希望读完此书后，你们会不拘泥于具体的诊断结果，意识到孩子的注意力集中是个动态过程，让孩子重享注意力集中的快乐和自由。

第一章
小儿多动症诊断问题
Problems with the Diagnosis of ADHD

> 智者视注意力为其最珍贵之物。
>
> ——《法句经26》①

马尔科姆是被他父亲带过来的，他坚持要对孩子的多动症进行检查。他说："我的孩子不太对劲，我早上起来，穿好衣服，吃过早饭，按时上班，工作了一整天，而他一个早上却连鞋子都穿不好，这是怎么回事？"说话的同时，马尔科姆则静静地盯着窗外，想着这一切何时才能结束，好回去继续搭建他的乐高飞船。

几千年以来，孩子们都是自然而然地学会东西，他们具

---

① 中文《法句经》第 26 为"智者不放逸，如富人护宝"。——译者注

有天生的能力，能跟随大人学习。看到大人工作忙碌，自己就会依样模仿。只是到了近一百年里，我们才开始把孩子放在教室里，聆听老师教诲，期待他们通过这种整齐划一的方式进行学习。出于必要的考虑，我们为教育设定标准，保证每个孩子都有权受到教育。一直以来，借助于教育这一良方，孩子得以接触到其他途径难以接收到的各种信息。但教育也有其短板之处。你怎能期待所有孩子注意力一样集中？这就像期待所有的西红柿长得一模一样，毫无疑问，这是非常可笑的。像霍华德·加德纳这样有名的专家已经做了开创性的研究，指出我们学习的方式多种多样，但我们还在强求孩子的学习完全一样。要知道，对孩子的束缚越大，孩子的学习就越容易掉队。

小儿多动症的流行

根据美国精神病协会（American Psychiatric Association）的定义，小儿多动症是指孩子注意力无法集中，表现为分心、冲动，有时二者兼有，有时还伴有多动（2000）。虽然我们还不清楚多少孩子患有此症，但可以肯定，患有多动症的孩子正与日俱增。根据疾病控制与预防中心的统计，仅仅在

2007年，9.5%的美国学龄儿童因为注意力无法集中，正在或已经接受药物治疗。从2003年到2007年间，诊断出患有多动症的儿童平均以每年5.5%的速度递增（2010），且没有证据表明这种增速正在放缓。据推断，在2011年小儿多动症的增幅高达15%，这意味着多动症已成了最常见的精神疾病诊断，就在本书写作之际，全国范围内至少有一千万儿童被诊断出患有多动症。这是个相当庞大的数字，相当于全美心脏病患者的总和，也使得多动症成了与冠心病同样流行的疾病。

真的是这样吗？虽然越来越多的孩子被诊断出患了多动症，但这么多的孩子是真的注意力有问题，还是仅仅被贴上了多动症这个标签而已？我们并不清楚。首先让我们看看这些诊断是如何得出来的。

循环逻辑：诊断的神话

像马尔科姆这样的事情，在我的办公室每天都会看到。父母们带孩子来"检测多动症"，因为有老师告诉他们孩子在学校的表现。我则会这样告诉这些父母：小儿多动症是检测不出来的。听到这样的回答，家长们都很震惊。对于注意力的缺失，医院有一套科学而确定的方法加以诊断，这可能是药学界说过的最大的谎话之一。我们有的只是一套循环逻辑，而其评估结果只会使这一流行疾病变本加厉。以下是这一逻辑的典型做法：

1. 老师在课堂上注意到有学生没有专心听讲。
2. 她提醒家长该学生可能注意力集中有些问题，家长于是带孩子去看医生。
3. 医生给家长一份调查问卷，请老师填写。
4. 老师由于已经肯定学生有这方面的问题，在填调查问卷时，只选那些她确认有问题的相关选项。之后她把表格交还给医生。
5. 医生看到这所谓的证据，做出判断，孩子患有小儿多动症。
6. 一旦做出了诊断，接下来就是根据诊断来开药了。

这种方法有很多问题，首先这种方法始于一个假定，即我们假定：每个老师在评价学生注意力方面，都拥有相同的经验，而不考虑老师与学生打了多少年交道，或是与什么样的孩子比较。问卷调查也没有考虑到老师先入为主的偏见。事实上，我们从问卷调查可以看出，它更多地反映了老师对于学生专心与否的一种判断，而非学生的实情。这种判断主观性很强。在这位老师眼里学生"坐不住"，换到另外一位老师眼里，就可能是另外一回事。此外，老师的回应是基于对学生一段时间以来的表现，还是基于对学生特定一天的观察，我们也无从知晓。

更关键的是，对于学生被要求集中注意力的环境，调查问卷也根本反映不出来。它无法告诉我，学生的作业情况如何，他的邻座是谁，那天他的睡眠情况如何，早餐吃了什么，诸如此类。我可以把你放在一间屋子里，强迫你看我以前看过的物理书，而从这样的调查问卷看来，你的表现看上去也就像得了多动症。更令人担忧的是，这样的结论被医生作为症状加以采纳，从而在此基础上为孩子开药。

有意思的是，被诊断为患有多动症的孩子中，男孩远远多于女孩。这不禁让我对整个诊断流程产生了怀疑。为什么男孩比女孩更容易出现注意力的问题呢？这种性别的不平衡，让很多专家认为，小儿多动症本质而言是一种基因失调现象。从基因排列角度而言，男孩先天存在注意力问题。那么，为什么患小儿多动症的孩子越来越多呢？基因失调可不会像流行病那样迅速扩展。如果不是基因问题，那么环境就难辞其咎了。即使我们不考虑调查问卷中的有失偏颇的统计数字，我们也注意到，关于环境方面，调查问卷根本没有涉及。

另一个令人忧心的发现是，在过去十年，被诊断出有多动症的学龄前儿童数量激增（Zito et al. 2000）。我们的问卷调查表设计的初衷是针对稍大点的孩子，而不加区分地套用此问卷表，导致越来越多没经过该年龄段临床验证的刺激药物用在了这些孩子身上。这些药物没有得到美国食品和药品管理局的许可，就投入使用了。这些药品对这些孩子有没有什么危害，我们也缺乏长期的研究。

可以肯定的是，当班上有这样一个总是走神的学生，老师的处境也很难。如果对其置之不理不去治疗，患有多动症的孩子很有可能形成自卑心理，进而产生抑郁、焦虑、人际关系障碍、失业、药物滥用、反社会行为，以及其他一些冒险行为，影响其一生的幸福（Mannuzza et al. 2004）。所以，我们要看看这里面到底有什么奥秘。

小儿多动症只是信号

小儿多动症是求助的信号，在这个意义上，它就如同发热一样。但发热不是病，这点区别很关键。很多人认为，诊断和疾病是一回事，但并非如此，尤其是当我们面对的是诸如小儿多动症这样的发育性诊断时，尤为如此。我们往往只是给很多症状贴了个标签而已。治疗症状与治疗疾病是有很大区别的。对某一疾病，如链球菌性咽喉炎，或糖尿病，对它们的诊断能帮我们找出病因，进而找到某种方法予以治疗。而症状则不然，它仅仅是潜在问题的一种外在表现，在一定意义上，它就像一声警报，可能有各种不同的原因。对于疾病及时处理是非常必要的，而对于症状，要是予以压制或控制，就有点像要求我们闭上嘴巴，别出声。这样做会让我们忽视潜在的问题。如果我们把小儿多动症看作一种基因疾病，就会让人以为，有一种药能够解决问题，可事实上，它只是把症状压制下去了，只会更加使我们滥用刺激性药物。药物治疗虽然看上去是个快速方法，却无法提供一个长远的解决之道。

快速治疗的误区

对于症状的治疗可能会相当棘手。比如，当你的孩子出现发热时，对他的治疗也许会让他觉得舒服些，但如果我告诉你，要治疗孩子的发热，就得终身服用一种名为泰诺的药,你会是什么感受?任何父母都会觉得这样不行,但当孩子被诊断出小儿多动症,医生给他开药时,他们就是这样告诉孩子家长的:"他只要一直服用这种药,就会没问题。"

对有些孩子而言,这样做是极其危险的。当我们把症状压制下去,我们就错失了机会去了解孩子为何痛苦。虽然短期看来服药可以减轻痛苦,但长远地看,却非常不可取。假设有三个发烧到华氏103度的孩子来找我看病,如果只治疗症状的话,他们的命运会截然不同。可能第一个孩子较为幸运,只是发烧,次日就好转了。而第二个孩子的父母还会来找我说:"嗨,大夫,每次泰诺药效一过,孩子就又发烧了。"那我不得不进行多次试验,找出孩子发烧的深层原因。而第三个孩子可能就会死,因为他得的是某类可怕的病,比如脑膜炎。三个孩子虽然症状相同,都是发烧至华氏103度,但形成这一症状的原因却截然不同。

对于表现出小儿多动症的孩子而言,也是如此。目睹孩子的痛苦,做父母的自然都想迅速解决问题,像利他林这样的中枢兴奋药触手可及,也加剧了这种快速方法的使用。是呀,如果有一种药能够有效缓解症状,何不马上使用?但由于我们没有看到症状背后的原因,故而我们没有治愈这一在孩子中肆虐的流行病,只是刺激了药厂的销量。

孩子的成长不是一场赛跑

父母们承担了巨大的压力,要迅速把孩子的多动症治好,这压力部分来自于老师。老师在课程中要达到越来越高的标准,也是压力颇大。而老师的表现取决于班上学生能否达到这些标准。在这种情况下,老师自然没有时间和心思考虑某一个学生生活中的特殊情况。平心而论,无论老师还是家长,都不想让一个孩子掉队,因此,医生也察觉到压力,必须尽快解决问题。这样一种紧急思维催生了治疗中的快速方法。但孩子的成长并不是一场赛跑,无论你相信与否,跑得最快并非总是最佳选择。每个孩子都有自己独一无二的成长节奏。

当然,需要指出的是,在对小儿多动症的治疗中,药物的作用还是不容抹杀的。在紧急情况下,我们必须要舒缓症状,以暂时减轻患者痛苦。有时,当孩子的生活因此一团糟,变得极为自卑,处于极度危险的境地时,药物的作用就相当于一座桥,为家人赢得了时间,进而可以做出改变,帮助孩子克服注意力问题。然而问题是,一旦孩子服上了药,疾病的深层原因就会被忽视,这样孩子只能终身服药了。

崇尚速度的文化

作为一名治疗小儿多动症的医生,看到现存的治疗方法把孩子排除在外,总是让我倍觉失望。当我们对孩子的个性和细节视而不见,一味将他们推向化学药品时,治疗方式基本相同也就不足为怪:化学药物见效快啊。让一个极度活跃的孩子服用刺激性药物(见下图的常见刺激性药物)①,家长会觉得不可思议,但在一个推崇速度的社会,你的孩子得加快速度,集中精神,才能不被落下。虽然这些刺激性药物具体的运行机制我们还不了解,但它们似乎能刺激大脑的相关区域(主要是多巴胺受体和去甲肾上腺素受体),进入集中和警戒状态(Kim et al. 2009)。这些药物刺激着大脑的这些紧急中心活跃起来,集中注意力,似乎要面对什么生死攸关的大事。

美国药品市场上常见的刺激性药物

利他林,利他林LA,阿得拉胶囊,阿得拉缓释胶囊,专注达,盐酸哌甲酯透皮贴,右甲状腺素,右哌甲酯片剂,右哌甲酯缓释胶囊,胍法辛缓释片,甲灵,哌甲酯,哌甲酯缓释胶囊,利他林缓释胶囊,维旺斯

---

① 请在有资质的医生指导下正确用药。——译者注

药品的副作用

随着时间的流逝,我越来越关注在孩子成长的关键期内,给他们服用这些刺激类药物带来的后遗症。这些药虽然已经用在孩子身上,但对于它们的长期安全性和功效问题,我们居然还鲜有研究,也没有证据表明这些药物一定能治愈小儿多动症。更糟的是,孩子的身体会慢慢适应药物,因此药物分量要逐渐加大,才能维持效果。这样的话,药物的副作用也会越来越大(见下图的药物副作用)。最后,所有这些快速的方法用尽之后,我们发现问题依然没有解决。

> **刺激性药物的副作用:**
>
> 紧张,失眠
>
> 体重下降
>
> 过敏反应(荨麻疹,发烧,关节疼痛)
>
> 剥脱性皮炎(脱皮)
>
> 多形性红斑(慢性皮疹)
>
> 食欲减退
>
> 头晕恶心
>
> 心悸(心跳不规则,或心率过速)

> 头痛
>
> 运动障碍（肌肉痉挛）
>
> 嗜睡
>
> 血压和脉搏变化
>
> 心动过速
>
> 心绞痛（由于心肌供血不足导致）
>
> 心律失常（心跳不匀）
>
> 腹痛
>
> 杜尔雷斯综合征（抽动障碍）
>
> 药物诱发性精神病
>
> （《医师案头参考》2010）

由于对这种药物治疗方法不满意，我开始寻找更好的治疗方法，我想找到这样一种方法，它尊重每个孩子成长和学习的特性。下面我们就将一起来发现这种方法，但首先我们要明白，哪些因素影响着孩子的注意力。

第二章
压力和注意力
Stress and Attention

> 有了一双专注的眼睛,每时每刻都可以发现独特的美,在相同的地方,它可以发现以前从没看过,以后也不会见到的美景。
>
> ——拉尔夫·沃尔多·爱默生

每年夏天我都带着孩子们去科德角海滩度假,在那他们感到特别快乐。当潮水退去,绵延数英里的沙滩一直延伸到海天交接处,上面满是我们玩耍留下的痕迹。我和孩子们会在这样的天然沙盒上玩上好几个小时,在这样的小世界里,看见各种生命一一呈现,惊叹于自然界的神奇。每天早晨,当孩子们醒来,都有无尽的探险在等待着他们。一旦捉到寄居蟹,孩子们会用塑料桶为它们建造小窝,给它们起名字,轮流喂养它们，研究它们神奇的天性。他们太快乐了。太阳下山很久后，我们才叫孩子们回家，但他们都听不见，他们的世界全在沙滩上。

清醒状态

如果你在海边住过一段时间，或是在森林里露营过，你会发现几天后，甚至几小时后，你的注意力开始"放松"，每天目睹太阳升起落下，晚上看星星一颗颗出现，你会感受到身体在发生变化，你的注意力变得更加松弛，更加放松。你回归到了一种所谓的基本清醒状态，你的天生的脑力得以恢复正常。毕竟从根本上说，我们都来源于自然。研究表明，当我们的心率和呼吸模式与自然的节奏合拍时，我们的神经系统表现会达到顶峰（McCraty and Childre 2010）。简单地说，当我们压力越小，我们就会表现得越好。太阳下山了，我们就睡觉，太阳出来了，我们就起床，就这么简单，我们的交感神经系统（战斗或是逃跑）和副交感神经系统（休息和消化）达到平衡，张弛有度。这样我们就能更好地适应我们生活中瞬息万变的情境。研究表明，当孩子开始注意到身体内部的节奏，诸如饥饿和睡眠周期，他们就能更好地完成白天的各项活动（Johnson 2000）。

注意力与压力有着千丝万缕的联系。在现代社会快节奏的环境下长大，我们的孩子与自然的节奏被切断了，他们长时间守在电脑前，或是坐在教室里。他们在不饿的时候吃饭，累了很久才去睡觉，还没睡够就起床，这都会导致精神无法集中（Swing et al. 2010）。而我们的注意力调节能力与精神状态息息相关。最近一个对孩子长达三十年的追踪研究（从他们的童年开始）表明，孩子调节情绪的能力（即自我调节的能力），长远来看对于孩子学业、社交，和经济上的成功是极其重要的，毫不亚于孩子家庭的社会经济地位，或是孩子的智商（Moffitt et al.2011）。

注意力的实验胚胎学

我们调节自身注意力的能力直接取决于我们所处环境的性质。世界卫生组织最近发文强调，在决定孩子表现的各因素中，孩子所处的社会环境因素与孩子的体质因素一样重要（Kraus de Camargo 2010）。毕竟谁也不能脱离环境而生活。随着实验胚胎学（研究环境的变化如何影响基因表达）的兴起，它表明了我们的基因多么具有适应能力。在与环境的持续对话中，我们的基因适时地开或是关。这样作为地球上的一个物种，我们才会这样多样而精彩，这也解释了为何两个孩子，有着近似的小儿多动症症状，却可能是完全不同的原因，解决的方法也截然不同。

压力要适度

要从整体上理解孩子的注意力问题，我们首先就要仔细了解他生活的环境。这不是说要把责任推到其他人或事上面，而是要仔细检查支撑或减弱孩子安全感的各种因素是否达到平衡。当孩子觉得不安全时，那意味着他成长所需没有得到满足，这自然就导致了孩子感到压力增加。

不是所有压力都是坏的。事实上，对于注意力而言，压力可能是极为关键的。压力太少，就会没有学习动力，你就会走神，压力太大，就会反应过度，无法冷静下来集中精神，你也会走神。

压力最佳值

在五十多年前，汉斯·塞利（Hans Selye）——有时也被称为"压力理论之父"——就表明,在孩子成长和活动中,压力的作用至关重要(Selye 1978)。在压力过少和过多这两个极端之间,存在一个压力最佳值,可以使得孩子很好地集中精神。最近的研究表明,这个压力最佳值要比我们想象的低很多。来自马萨诸塞大学的艾德·卡拉布列兹(Ed Calabrese)一直在研究"低剂量刺激"(毒物兴奋效应)在心理学、神经学和毒理学等各个不同领域的作用(Mattson and Calabrese 2010)。对于孩子的成长,自然似乎遵循一条原则:适量就好。中国古代哲学家老子在面对生活的种种挑战时,就主张"少就是多"的适量原则。在帮助孩子集中精神方面,这种思想与我们的思维模式截然不同。我们往往会觉得,如果这个东西好,那就多多益善。我们为了让孩子更好地集中注意力,我们会更努力地鼓励和帮助他,或是给予他更多,这种方法深深植根于我们求快的紧迫心理中。

但我发现,有时候"多多益善"的做法并不奏效,如果有区别的话,它只会让我们更加紧张,更加集中不了精神。当我们用爱来塑造孩子的成长环境,这样做似乎效果更好。我们不需要做什么大的变化,只要每天坚持不懈,不可中断。古人描述这种由小到大的做法,就好比涓涓细流汇成小溪,最终成为河流。你可以每天做些小小的变化,来逐步提高孩子的安全感，让他形成一种新的注意习惯。这就是"少就是多"的威力。下面我们就来看看，在孩子的生活中起作用的所有因素。

影响孩子的大环境

孩子会关注那些让他觉得安全的东西，躲开那些让他觉得不安全的东西。在孩子生活中，我们可以画出五个部分重叠的安全圈子，用它们来找到最佳压力值，从而更好地提升孩子的注意力。

儿童生活的环境

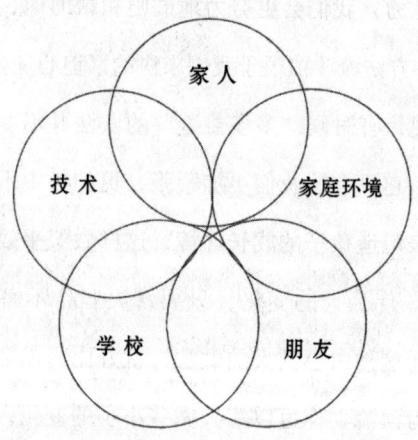

家人：子宫

对孩子而言，家庭就像第二子宫一样，滋润着孩子的心灵。家人是孩子安全感的发源地，从一降生起，孩子就开始模仿家人的行为举止。人类拥有"镜像神经元"，能够把别人的行为记在脑海里。父母关注什么，自然就会影响到孩子关注什么。

家人也可能给孩子带来不安全感，妨碍孩子学习。以哈佛大学苏珊·安德森（Susan Anderson）和马丁·特切尔（Martin Teicher）为代表的研究者们，已经注意到家人的压力以种种方式影响着孩子的脑部神经（Mattson and Calabrese 2010）。他们发现，在孩子童年的"关键期"里，长期母婴分离，或父母婚姻不和，都会对孩子造成伤害，进而对孩子的神经系统产生长期影响。这些压力因素会导致很多学习障碍，其中就包括小儿多动症。我并不是说，孩子的注意力出现问题就是父母的错——那样说太武断——我只是说，在这个问题上，父母可以从自身想想办法。

家庭环境：安全堡垒

家就是我们的窝，因此家的结构，也会激励或是阻碍孩子注意力的发展。玛丽·安斯沃思（Mary Ainsworth）是儿童心理学依恋理论方面的一位先驱，她描述道：孩子都需要一个安全堡垒，或"避风港"，这样当他探索外部世界，产生紧张或是焦虑时，可以去那里释放压力（Ainsworth et al.1978）。拥有一个避风港，对孩子的学习有着深远的影响。我们从研究中可以看出，贫穷的孩子，成长的环境遭到剥夺，导致他们的发展严重滞后（Parker, Greer, and Zuckerman 1988）。但反之，过分宠爱孩子的家庭也有，这样环境下的孩子往往也会难以集中注意力。

孩子在家里可以学会找到边界，过分严格（孩子的自由受到束缚）或过于宽松的环境（对孩子放任自流）都会影响提升注意力的最佳压力值。

我发现对孩子而言，房间哪怕只是稍微做些改动，也可以减少孩子的压力值，从而更好地集中注意力。中国人强调风水古已有之，就是意识到，家对人的健康和表现，都有着深远影响。因此我们要创造一个安宁的环境，有时只要改变孩子的床的位置，或是孩子的房间的颜色，就会改进孩子的注意力。

良好饮食

吃是我们了解世界重要的方式,通过吃,我们接收信息,消化进而吸收它。这里的信息,我指的是味觉、质感、色泽、温度,以及我们吸收的营养成分。吃的这个过程与我们如何集中注意力直接相关。我经常会问孩子对于吃的态度,因为通过吃,我能发现他如何融入社会。他是愿意尝试新的食物呢,还是固守着食物的选择?孩子吃什么、吃多少、在哪吃、什么时候吃,这些都会决定最佳压力值,从而影响孩子的注意力。

◆ 吃什么

想想吧,当你第一次喂襁褓中的孩子时,是多么小心翼翼啊,那简直就像一场大型实验。为人父母的都知道,孩子吃的食物质量会影响孩子的生长发育。但当孩子去餐厅吃时,情况就不一样了。研究已经显示:孩子的食谱中含有的快餐,会影响孩子的脑部功能,大脑成长所需的特定营养会因此而流失,藏在肠中的荷尔蒙——它会影响神经连接,对注意力极为重要——也会发生改变(Gomez-Pinilla 2008)。有机食物会带来更高的植物化学物(由植物产生），当作用于我们的基因层面时，能优化大脑功能（Mattson 2008）。这就是贵精不贵多的一个例子。

摄入的食品添加剂越少，对我们的脑力越好。我们吃什么，对于我们治疗小儿多动症，是十分重要的，但我不会泛泛地推荐一些食物，因为每个人具体情况不同，在本书后面的章节里，我会针对小儿多动症的具体类型，来具体讨论食物的摄入。

◆ 在哪吃

在古代，吃饭是每天生活中一件重要的事，它把整个家族的人都召集在一起。一起吃饭，能够增强彼此之间的情感纽带，缓解压力，并为人们提供一个交换意见，讨论一天事情的好场合。如今的孩子坐在电视或是电脑前吃饭，难怪他们对周边的一切视而不见。很多孩子在吃饭时心不在焉，何时饱了都不知道。广告商们利用电视的大众催眠效果，来推销他们的产品。

据估计，每年食品和饮料公司都会投放超过200亿美元到电视广告上，针对的目标客户就是孩子们。要想提高孩子的专注度，最简单有效的办法之一就是减少他们在电视机前吃饭的时间，代之以和家人一起进餐。

◆ 何时吃

说到吃饭,时间的选择就显得格外重要。每到吃饭的时间,我们体内的生物钟就会发出信号,这样我们才能与每日的节律和季节的周期相呼应,做到因时而动。有研究表明:我们的醒睡周期与影响饥饿、注意力和记忆的荷尔蒙有关(Taheri et al 2004)。睡眠不足的人会更加渴望高能量食物(比如碳水化合物),它会刺激我们脑部神经系统的压力反应。许多孩子如果前一夜没有睡够的话,第二天醒来就会吃不下早饭。对于青少年来说,也是如此。如今留给我们吃早饭的时间都不多,然而研究表明,对于孩子在校表现而言,早餐是极为重要的(Sibley et al 2008)。从吃好早餐开始,这又是提高孩子注意力的一个简单方法。

有些孩子在一天的某些时间段会走神,这可能就是饮食导致的。孩子吃了太多碳水化合物,会形成反应性低血糖症,在进食几个小时之后,血糖降低,从而导致他们无法集中注意力,一心想着补充糖分。要想孩子的注意力有重大突破的话,我们需要根据孩子代谢系统的具体消化情况,来制订策略,这是一条简单易行的方法。

◆ 吃多少

我还发现，让孩子注意到什么时候饿了，什么时候饱了，将会直接有助于提升他的注意力。当我们吃饱时，体内的瘦蛋白就会发出相应信号，刺激脑部神经，一旦我们不再注意什么时候吃饱了，我们就无法感知瘦蛋白所带来的认知力的提高。在我们的文化中，小儿多动症与突然增多的肥胖症是有关联的（Lam and Yang 2007）。事实上，少吃点已经被证实能激发出最佳压力值，对我们认知功能的健康是有益的（Mattson 2008）。我们又一次见证了"适量就好"的威力。

朋友：友谊

在孩子注意力的形成中，我们往往忽视了朋友的作用。随着孩子一天天长大，他会产生归属感，需要在他的同龄人圈子中找到自己的位置，这个圈子的喜好就是他的喜好。朋友可以成为孩子的一个坚实后盾，为他提供家里无法提供的支持。而当孩子难以融入同龄人圈子时，他会产生不安全感。研究表明，患有多动症的孩子往往是被同龄人拒绝的一群人（Hinshaw and Melnick 1995）。出于害羞或是尴尬，孩子有时不会把与小伙伴之间出现的问题告诉父母，觉得父母理解不了。因此，在考虑影响孩子注意力的各个因素时，朋友是一个很重要的因素。

学校：校园生活

当孩子离开家，学校就是他们待的时间最长的地方了，在那儿，他们学习集中注意力。学校也往往是孩子最紧张的地方。然而不幸的是，我们今天的学校变得就像工厂一样，到处都是标准化和所谓的"不让一个孩子掉队"的承诺，把老师们可怕地束缚了起来。在"应试教育"巨大的压力之下，老师们无暇关注学生的学习个性。要打破这种恶性循环，对父母们而言，非常困难，需要父母与老师们通力合作。学校与家庭的联系越紧密，孩子形成新的注意力习惯就会越快。在后面，当我们讨论小儿多动症的类型时，我将会为老师们提供一些具体建议，供他们参考。

技术：网

数字革命为我们带来了越来越多精细有趣的玩意，令人瞩目。自打孩子降生伊始，他的生活就被各种视觉刺激物包围，令他目不暇接。在父母带孩子来我诊所时，我就看见一岁多的小孩坐在母亲怀里，一边专注地玩着母亲手机上的游戏，一边等着来见我。孩子被称为"数字原住民"，而大人们还是"数字移民"，他们虽然会使用，但并不擅长。孩子们拥有神奇的多任务处理技能，我们引以为豪，但越来越多的证据表明，随着多任务处理要求越来越高，我们学习的成本也随之增加。我们用"认知灵活性"来描述我们从一个任务切换到下一个任务的方式，而"认知灵活性"对于良好的注意力而言，是极为重要的，最近在斯坦福大学的研究表明，当我们执行多任务处理时，我们的大脑其实并没有同时执行多项任务（Ophir, Nass, and Wagner 2009）。当孩子坐在电视机前，一边发着短信，一边吃着晚饭，一边还做着作业，似乎看上去就是在同时执行多任务处理，但事实上，大脑只不过是从一个活动快速跳到下一个活动中而已，而且往往是以牺牲效率和质量为代价的。这种多任务处理活动可能也会导致压力增大。我们在一些压力很大的场所——比如空中交通管制中心、急救室——的调查研究表明：多任务处理事实上会导致"中断驱动"错误，而这可能会带来致命的后果（Rubinstein, Meyer, and Evans 2001）。

因为我们的生活离不开技术，所以我花了大量时间研究技术对家庭的影响。父母们经常向我诉苦，说虽然孩子在学校无法集中注意力，但回到家打起电子游戏却可以一打就是几个小时。事实上，有的家长认为电子游戏可以帮助孩子集中注意力，而研究也表明，打电子游戏可以提高孩子的空间认知能力（Spence and Feng 2010）。但我发现对有的孩子而言，技术的使用直接导致了他们在学校出现的一些问题。

网速缓慢综合征

下面这个试验，你可以在家里自己试试，来体验作为"数字原住民"的孩子的感受。如果你家里有高速上网接口的话，试着换一个56k的调制解调器来拨号上网。还记得你第一次有这样一台解调器的情形吗？那时我们都惊叹于它的速度之快，但现在呢，看着我们的屏幕上图片一点点、一点点地出现，那感觉就像在受刑。大多数人甚至根本都不敢去试试这样做。这说明什么问题呢？这样的网速太慢太无聊了，令人沮丧，就是这么简单。

当孩子已经习惯了家里的视觉技术的刺激后，再被迫回到学校听老师讲课，那感觉就与此如出一辙。那些炫酷的视觉效果哪去了？每隔几秒就有的200分的注意力奖励哪去了？我们的大脑自动地就会适应更快、更有效的做事方法，而当被迫慢下来时，大脑就会觉得枯燥而沮丧。

我们不能责怪孩子融入环境的适应能力，他们毕竟要适应这个社会。我们的课堂似乎节奏太慢了些，要吸引孩子的注意力，它们还要提速。

注意力的五大魔力

数字技术帮我们了解我们如何聚焦。约翰·查尔顿是研究游戏上瘾的最早一批研究者，他把不同种类的注意力进行了分类。我对它们进行了改编，用来帮助我们理解孩子专注或是走神的不同方式（Charlton and Danforth 2007）。我把它们称为注意力的五大魔力，在本书后面章节中还将提到它们。

沉浸感：指的是游戏者对于游戏高度投入而忘了时间，与真实世界隔绝开来的能力。

流动感：指的是当任务只比你的能力高一点点时，你所

产生的"身处此区"感。

投入感：指游戏者每一次得到积分奖励的兴奋感，这样一种极高的投入感，使得游戏令人欲罢不能。

在场感：是指我们玩游戏时产生的真实感，仿佛身处游戏中，身临其境。

精确感：是指理解游戏的逻辑，从中获得相应的知识的状态，该状态可以帮我们想出取胜战略。

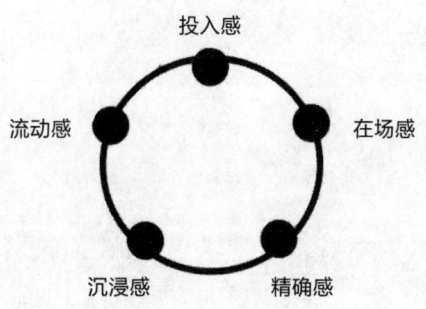

不难想象，当我们的祖先在森林里狩猎时，这些神奇的力量是多么有价值。沉浸感、流动感、投入感、在场感、精确感，这些恰恰正是我们希望孩子坐在教室里，或是做作业时拥有的品质。他们在看电视或打游戏时这般全神贯注，为什么在学校里就不行呢？为了回答这个问题，我们得更仔细地观察我们的大脑，看看大脑的哪个部分掌控着孩子的注意力。

第三章
细看三大法宝
Taking a Closer Look: The Three Treasures

一个紧张的心灵无法长时间集中于任何事物。

——圣严法师

我第一次见到麦克斯时,他才十岁,刚刚转学。他离开上一所学校,是因为老师说他扰乱课堂。如果对什么不感兴趣,他就会脱口而出"这太枯燥了"或类似的话。有时候他还会无缘无故地发脾气,这一点吓坏了老师和其他孩子。之前他已经看过几位大夫,也吃了一些针对小儿多动症的药物,但疗效都只能持续几周。我看到他时,他正处于失眠之中,每天的饮食基本只有苏打水和面包。对于我提出的问题,他显得焦躁不安,极不耐烦,嚷着简短的答语。最后他吼道:"这纯属浪费时间!"便冲出门外,留下他眼泪汪汪的母亲看着我。这是十二年前的事了。当然他最后还是回来与我合作了,现在他已经是大学二年级,看上去他正走在成为一名成功律师的路上。

生存在这个世界是一场伟大的探险,周围环境瞬息万变,要想活下去,就得动脑子。人类是拥有这个天分的。事实上,我们有三个大脑,而非一个。当我这样告诉我的父母时,他们看我的眼神就好像我有三个头一样。在一定程度上,我真的有三个脑袋!

保罗·麦克莱恩(Paul MacLean)博士最早提出三个大脑理论(他称之为三位一体大脑模型),当时是20世纪60年代,他正在国家卫生研究院(The National Institute of Health)工作,研究人类情感的神经学基础(1973)。经过研究他发现,我们的神经结构反映了我们作为一个物种,从爬行类到哺乳类再到人类的进化。这一重大发现,对于我们理解为什么孩子注意力不集中极为重要。我们都有集中注意力的能力,但如何集中则取决于这三个大脑哪个主宰我们。

用"心"来思考

我开始学习中医的一大乐趣就是发现汉语中用同一个词

"心"来描述理智与心灵,我觉得这太神奇了。在英语环境中,我们用心来感知,用头脑来思考,但如果我们用"心"来思考,我们的头脑就会糊涂。然而,当我面对孩子的问题,用"心灵"而非"理智"来思考时,神奇的事情发生了。在专属于神经学的领地里,突然有了爱的身影。

青蛙心

想像一下,有一只青蛙坐在沼泽地的家里,突然一只苍蝇飞过,只听啪的一声,青蛙在一眨眼的工夫就抓住了它。下面请试着屏住呼吸,但最终某种东西让你忍不住要呼吸,这是必然的。在我们每个人的脑干里,都潜伏着这样一个宝贝,它会让我们注意到我们最基本的生理节拍,让我们能活着。你的心跳,你的呼吸,当你累了,你会去打个盹,当你饿了,你就要吃饭。这些基本的生理功能,均在"爬虫脑",或如麦克莱恩所称"脑垂体"的密切注视之下。通过这种关注,我们与自然万物的生命之源保持着联系。我称呼它为"青蛙心"。就像青蛙等着苍蝇飞过,然后一口吃掉一样,在我们意识的背景的某处,我们维持着人体固有的日常生理节拍,保持着体内的平衡。当我们试图主动控制呼吸时，我们可以看出，这小"青蛙心"是多么顽强，这是一种原始的力量，它关注我们最基本的生理节奏，比如睡觉、吃饭、呼吸、排泄。它非我们的主观意愿所能控制，能够让我们生存下来，避免与周围环境隔绝开。

有些患有多动症的孩子，从他们的症状来看，他们的"青蛙心"出了问题。他们可能是睡不着，或者是睡得醒不来；他们吃不下饭，或是吃得太多；他们要么呼吸急促，要么就屏住呼吸；或者会便秘，或者会腹泻。这些严重的症状表明：孩子生活中的压力太大了，甚至影响到孩子最基本的注意力反应能力。

小狗心

现在想象一下，你的小狗站在院子里，冲着邮递员狂吠不止，它似乎在说："紧急情况，紧急情况！有生人闯入！邮差！邮差！"小狗拥有这样的能力和反应力，这也是我们三个大脑中第二个大脑的特点。

在"青蛙心"上方，就是麦克莱恩所称的"大脑边缘系统"，该部分负责我们对外界的强烈的情感反应，对我们的生存非常重要。与青蛙心层不同，"大脑边缘系统"驱动着我们的欲望和厌恶，它是个无价之宝，聚合着我们的情感记忆，当我们觉得受到威胁时，督促我们去追寻安全感。我称之为"小狗心"，因为当这种感情袭来时，总是非常强烈。对于这个类比，很多父母觉得好笑，因为他们的孩子有时候的确表现得像小狗一样，这也是为什么孩子们看上去显得那么可爱，有时又那么淘气。当孩子状况不佳，或是觉得不安全时，他就一定会以某种激烈的方式表达出来，那时候，他是很难考虑到其他任何人的，我们所听到的，就是孩子一直在嚷："我要！我要！"这是孩子的注意力在呼唤，但在家长看来，它更像是小儿多动症的夸大了的症状表现。

现在我们看看"小狗心"改变孩子注意力的一些途径。

◆ **从专注到暴躁**

"我要！我要！我现在就要！"有时孩子会因为某样东西兴奋不已，一秒也等不得。孩子的全部注意力就在这些快乐中。孩子的玩耍就是围绕着这些快乐而展开，这也使得他们可以高度投入而不觉得厌烦。他们确实找到了乐趣。但有时，当这种外界刺激过于兴奋时，孩子会难以控制自己的冲动，此时大脑中的"小狗心"开始叫唤了。

小狗的世界里只有"现在"。"好的，宝贝，我们现在去散步。"当你对小狗这么说时,小狗立刻兴奋地在地板上尿尿了。小狗无法控制自己时,表明它的"小狗心"十分兴奋,远非它的"青蛙心"所能控制。在教室里,有些孩子太兴奋,而把问题的答案脱口而出。有些孩子非常敏感,当他们过度兴奋时会显得彻底失控。有些孩子习惯于高强度的刺激,对于任何无法给他带来新鲜感的东西,都提不起兴趣来。因此我们时常会听到孩子们抱怨说"总是无聊透顶"。这种对于刺激产生的依赖性,日积月累,形成了恶性循环——越是无聊,就越易被小事分心。当这种动态心理变成习惯时,就很难再去学习任何新东西了。

◆ 从愉快到敌意

"嘿,这是我的玩具,别碰!"当我们觉得安全时,会和大家一起去探索各种挑战。在"小狗心"看来,我们位于"安全区域"内。但当任务变得过于艰难时,我们的信心遭受打击,觉得沮丧,有时甚至会大发脾气,一些孩子会无缘无故地大声叫骂。就像狗对着靠近它的盘中餐的人会不停地狂吠,此时孩子脑中的"小狗心"也处于警觉状态,各个感官高度集中,使得事情看上去要比实际还严重。

孩子可能会陷入恶性循环而不可自拔,因为在课堂上,这种"狂吠"是绝不允许的。事实上,这只不过是"小狗心"在告诉我们形势危急。但在老师眼里,孩子表现得过于活跃,或是更糟,甚至充满敌意。我认为孩子的行为是在向成年人发出求救信号,但由于在孩子身上表现得极不稳定,变幻莫测,忧心忡忡的父母往往带孩子去寻医问药。

◆ **从精确到刻板**

"我得先做完这个才能做那个!"我们都是受习惯驱使的生物。无论寒暑,我的狗都会走同样的路线,离开家门到林子里去"例行公事"。我的草坪上也留下了一条固定的痕迹。一成不变给我们带来了安全感,可以让我们预判将会发生什么。我们大脑中的"小狗心"关注于各种套路,以弄清楚我们所处的这个世界。但如果事情的发展出乎意料,或者转变来得太快,我们的感受就会将之加以放大,大脑精确性的能力也会因此发生变化,变成一种超级聚焦的刻板状态。

我们努力避免过多的变化,为此我们左右为难。对于有的孩子而言,这种刻板性会演变成一种强迫症。有的患有多动症的孩子不是无法集中注意力,而是注意力无法转移,他们陷于现象的细枝末节中,无法看见事物的全貌。这种现象的出现,也是一种求救的讯号,对于他们来说,事情之间的过渡让他们觉得很可怕。人们在不一致面前渴求统一性的刻板心理，阻碍了我们天生的适应能力，但这种能力对于课堂学习而言，不可或缺。

◆ **从沉浸到抽离**

"我不想做！你不能强迫我！"对于我们的"小狗心"而言，能够避开危险的能力与能够战斗的能力同等重要。当一只狗听到打雷时，它会躲在床下，一动不动。有些孩子对于他们正在做的事情太投入了，以至于对周边的一切浑然不觉。当孩子们压力太大或受到惊吓时，他们可能会缩回到自己的小天地里去，把自己封闭起来，这样沉浸的威力就变成了与世界的脱离。

当觉得不安全时，有的孩子会这样应对，切断与周围所有人的联系。有些患有多动症的孩子坚持不参加课堂活动，还有些孩子每天耽于白日梦，想要动员他们来做功课，几乎不可能。你催得越狠，他们就会越缺乏安全感，从而越发从实际生活中脱离开来。这种"小狗的吠叫"可能没有那样的毁灭性效果，但照样会干扰孩子的学习。当脱离成为一种习惯，它会导致冷淡甚至偏执，而后者令父母和老师忧心忡忡。

◆ 从在场到担心

"如果你做，我就做。"人类是社会动物，关注别人的举动是我们的一种本能，我们通过与他人建立联系，寻找安全感。麦克莱恩就曾暗示过，所谓的"分离呼叫"——就像小狗离群时发出的吠叫——可能是人类进化发展阶段中最重要的一环，它把哺乳动物与爬行动物区别开来（1985）。我们分离时发出的呼叫，与我们的家庭关系、语言，甚至游戏技能相关，这是我们与世界保持联系的方式。当这种分离过于突然或拖延得很长，大脑中的"小狗心"就会放大这种不安全感和焦虑感，让人无法集中注意力，直到这种分离得到解除。此时孩子丧失了他的在场感。有些患有多动症的孩子潜在地具有依恋问题（Marazziti et al 2008）。这些担忧使得这些孩子难以在课堂上学习到任何东西。

◆ 一间着火的房子

需要弄清楚的是，"小狗心"不是什么坏东西，它使我们的生活变得多彩而生动，这些被放大了的感受和表达，使我们得以了解这个世界。这事关我们的生存。当你的房子着火了，你必须撤离。但是，当火被扑灭了，而"小狗心"依然发出夸张的报警讯号，说明你与你的周围已经不同步了。

夸张的情绪总是坚持要"以我为中心",从而无法安静下来集中注意力,倾听别人,向别人学习。如果你的孩子患有多动症,你可能会辨认出这些"小狗心"的表现形式。记住一点:这种大声喊叫是自然的,是求救的方式,它反映了孩子内心缺乏安全感,也可能让孩子落入缺乏自尊心的恶性循环,但它不是病,只是脑子里的"小狗心"开始吠叫而已。然而,我们既不是青蛙,也不是小狗,在我们的脑海里,还有一个法宝,它关注的就不仅仅只是自我。

大人心

从大脑边缘系统里,我们进化出大脑新皮质,即我们的"大人心",它是我们神经元的主干部分,随着我们渐渐长大,它很大程度上负责我们个性的形成,使得我们可以在更广的层面上回顾我们的经历,把过往的记忆与更博大的情感经验相联系,而不会困于狭隘的反应模式之中。正是这个"大人心"赋予我们自由,让我们抽身出来,以全新的方式看待这个世界,它是我们创造力的源泉。由于它与"大脑边缘系统"相连,从而可以调节我们的"小狗心"的冲动,使得我们可以避开眼前的危险,看得更远。

这样我们也不会只是想着自己,而会考虑别人的需求,从而培养其对他人的差异性的宽容之心。当别人表达他们的体验时,我们能够更有创见地与之分享。"大人心"赋予了我们这样的力量,让我们可以更精微、更深刻地表达我们更广泛的情感,从而更能为其他人所理解,它所有的品质我用一个词来概括:想象力。

闭上眼睛,想象一下你在海滩上,立刻你就似乎看见了金黄的沙滩、太阳、蓝天,你甚至能听到海浪的声音。突然,你眼睛一睁,就回到了现实中,继续读着这本书。这多么神奇!卡尔·萨根(Carl Sagan)说过:"想象力往往会把我们带到从未存在过的世界,如果没有了想象力,我们将寸步难行。"(Sagan,1985,4)除了人类,没有其他动物拥有这种神游万里的能力。

但想象力远不只是旅游观光这么简单,它是我们作为一个物种的特殊性的本源。人类拥有这样的能力,可以想象出别人对自己的看法或感受,可以对别人的体验感同身受,产生认同。恻隐之心即来源于此。我们可以想象到我们的行为会产生什么后果,可以规划我们的未来,我们之所以有勇气做决定,也是源出于此。我们善于通过隐喻和类比,别出心裁地表达我们的感受,诗歌和讲故事也就这样诞生了。我们会想象出事情发生的深层原因，以复杂的方式把点点滴滴联系起来，从而更好地理解我们所处的这个世界，这就是我们的伦理行为和推理的源头。我们会在想象中，把自己置于情境之中，给老问题找到全新答案，发现生命的深层意义，这就是我们自省和自我意识的来源。

这些能力心理学家称之为"执行功能"，就像在顶楼上班的主管们一样，他们能够看出，为了最大限度地成功，企业要往哪里走，他们统揽全局，协调公司内部各方行动。孩子的"大人心"的形成，需要时间和经验的积累，没有哪个孩子是生而就有这样高超的执行功能的，它位于孩子成长发育的核心区。这也是为什么我们无法要求一个三四岁的孩子能像比他年长的孩子一样集中注意力。随着孩子一天天长大，如果孩子的天性没有受到外界环境压抑的话，他会渐渐学会如何调整自己的身体，扩展他的情感体验，学会更好地表达自己，加深对自我的认知。通过自省，他能够在更宏观的视野下看待自己，能够考虑自己对别人的影响。随着孩子"大人心"的逐步完善，他开始平衡"小狗心"的狂热冲动，在充满压力的情况下，依然能够冷静而全神贯注地思考。事实上研究已经表明小儿多动症并非是因为缺乏某些神经结构或化学物质，而是大脑新皮层的发育延缓所致（Shaw et al 2007）。这意味着对于任何孩子来说，注意力都是可以培养的，只是需要时间，需要练习。

三大法宝

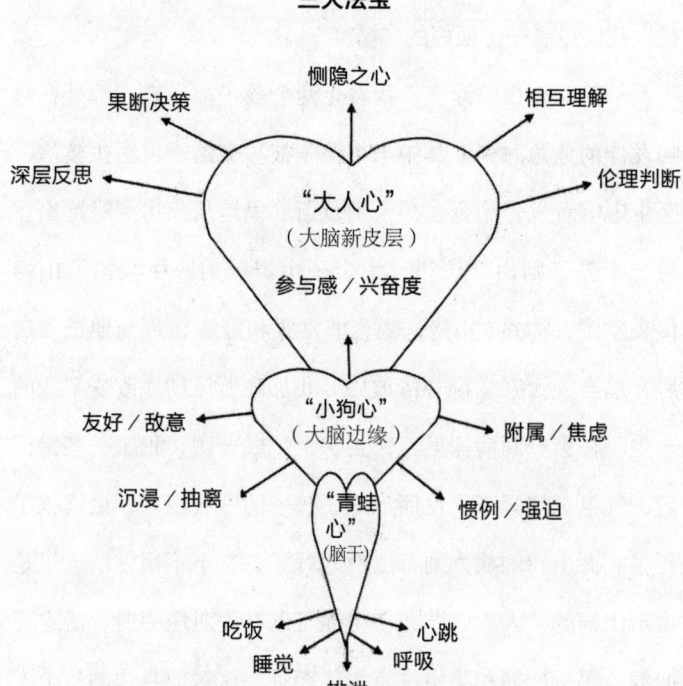

◆ **大个子山姆**

回到20世纪80年代，"大人心"的威力我曾亲身体验过，当时我是一位充满理想主义的年轻的儿科实习生，在纽约的一家医院实习，我发现自己每天都会面临很可怕的东西：虐童、枪伤、死亡、痛苦。我的本能反应就是跑开，大哭一场。我不得不学会如何保持冷静以帮助病人。幸运的是，我碰见了一位很好的"榜样"。

一天深夜在急诊室，我看见两个孩子被送来，都处在哮喘发作的危急时刻。其中一个孩子被移交给一位医生救治，医生咆哮着发号施令，护士则歇斯底里地从病房跑进跑出。另一个孩子则由一位叫"大个子山姆"的医生救治。山姆仪表堂堂，体重300磅，嗓音非常柔和舒缓，每当他进入病房，总会让大家觉得心情放松。我那晚所见彻底改变了我的一生。在第一间病房里，医生护士忙成一团，犯了一些错误后，气氛更加紧张，反而加剧了孩子的呼吸困难，最终孩子死了。而山姆的病人则奇迹般地好了，甚至不用住院。正是由于山姆的"大人心"，使得他可以在面对压力时，能宏观把握，保持冷静和集中注意力。而且，这对他身边的每个人都产生了神奇的影响。大个子山姆教会了我如何扩展我的"大人心"，并在那些艰苦的实习期间加以运用。

三个心好过一个心

我们对自己的"大人心"训练越多,"小狗心"就会变得越来越安心,"青蛙心"与自然界的节奏就越合拍。要想知道如何帮助那些饱受小儿多动症困扰的孩子,这才是关键。但要想孩子在真正意义上掌握注意力,我们就得仔细看看你的孩子属于哪一类型,他有哪种类型多动症的症状。

第四章

专注的五种类型

The Five Ways of Focus

> 凡事都有定期，天下万务都有定时。
>
> ——《传道书3：1-8》

　　自然喜欢多样性。情境一旦发生变化，会引起不同的反应，而这又反过来引起新的变化。人类的才能多种多样，因此我们才得以在不同形势下生存下来。如果一种方式不起作用，部落里的其他人会试试其他的方法能否奏效，这样我们才拥有神奇的创造力，成为星球的主宰。

　　社会青睐一致性。为了在大团体内部维持秩序，我们需要遵守规则，服从管理，这样才能团结一致，共同面对事关我们生存的挑战。我们既需要保持天性的多样化，又需要社会成员的一致性，在这二者间的取舍平衡，决定了我们的舒适度和安全感。

不要把孩子和洗澡水一起扔掉

不幸的是，我们因为追求成员间的一致性，而把自己置于越来越充斥着人为痕迹的机构内（譬如学校），而这些场所往往不谙学习的多样之道。当孩子的天性被忽视，他脑海中的"小狗心"就会出现过激反应，使得孩子无法平心静气地集中精神。对于小儿多动症的常规评价似乎也是追寻这一路径，关注于孩子的具体症状，而不考虑孩子的独特个性。十五年前，我厌倦了这种心理的类型化的分析，开始探寻一种新的能够尊重他们个性的方法来评价孩子，最终在中医里找到了这种方法。

中医这一古老的医疗体系，对于人的健康问题有一种生态意义上的理解，它认为疾病是在自然界各种原自然力的作用下，人的气质相互作用的反映。多年以来，在中医这一体系的基础上，我提出了关注孩子成长的一种新视角，借助这一方法，我已经帮助成千上万的孩子克服了多动症。

并不是每个孩子都因为同样的原因丧失注意力，他们注意力的质量取决于每个人的适应风格，或气质。很多年前，我的益友兼良师哈里特·拜因费尔德与埃弗雷姆·康戈尔德通过他们的著作《天地之间》，让我大开眼界，使我对于人的气质有了更深的认识。在这本书中，他们描述了"五个阶段的对应",把人类的情感状态与身体外形联系了起来,这五者相互作用,决定我们回应世界的方式。这种通盘考虑的角度与西方对于性格类型的分类形成了鲜明对比,后者极少考虑精神与身体的关系。

五种孩子

我们每个人都以独特的方式在世间经历着。中医的语言植根于季节的隐喻:春季、夏季、收获、秋季和冬季。每个季节品质不一,方式各异,但都反映了自然界五种力量的作用:木、火、土、金、水。木来生长,火来点亮,土来整合,金要切分,水要流深——这些质素决定了我们的身体和心理倾向,是我们保持神智健全的基础,也是我们与整个自然和生命的节律相互联系的桥梁。

现在我们进入到本书的核心环节。这种说法可能一开始会让你觉得奇怪,但从中你将会找到一种全新的方法来描述你的孩子。这种做法应用更加贴近自然的词汇,避开了西方医学常见的冷冰冰的病理学标签。我们不仅要看到孩子哪里出了问题,而且要找到一条路径,让孩子能够强化他们的注意力,发掘他们内在的才华。

每个季节都有其动人之处。如果你的孩子经常走神,你最好问问他对什么感兴趣。只有当"小狗心"占据了注意力时,孩子的兴趣才会变成困扰。当你阅读以下章节时,请考虑你的孩子最像这五种自然力的哪一种。我们每个人都或多或少拥有这五种自然力,这取决于我们的环境,和我们成长的阶段,但我发现,对每个孩子而言,都有一个自然力占据主导地位。了解这一点,有利于我们为孩子制订针对性的方案,更好地帮助孩子。

家长的天性会影响我们对孩子天性的判断,也能够透露家庭成员关系好坏的重要信息,因此,在对孩子做出初始评价时,我会尽量要求孩子父母都在场。因为父母是孩子成长环境中极为重要的一部分,所以在阅读本章时,也请您考虑您是这五种气质中的哪一种,这样您就可以培养您的品格,从而有助于对您孩子注意力的培养。

人类气质的五种类型

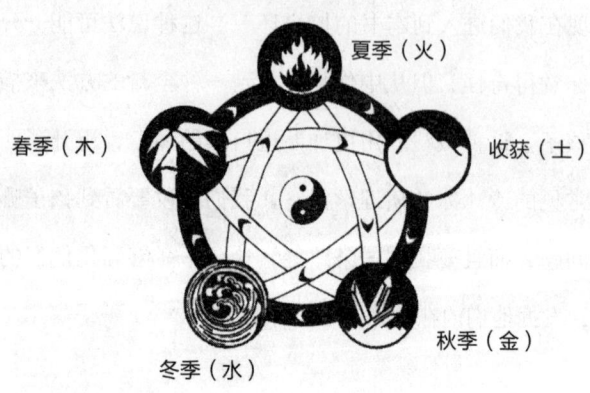

The Five Ways of Focus | 专注的五种类型

木孩子

木对应春季，万物以不可抵挡之势从冬季的死寂中复苏，没有什么能够阻挡它们的萌发。植物破土而出，甚至人行道的缝隙里也能看到小草冒出头来，树木似乎一夜间就绿了，地上、墙上也爬满了藤。一切都是生机勃勃的，鸟儿一边唱着歌，一边急切地盖着巢。在春季，我们感受到自然的力量扑面而来。根据五个阶段的对应图来看，春季对应了植物破土而出的力量感，其声音是树枝间盘旋的风，其颜色为绿色。春季的绿光召唤万物"出发！"肌肉、肌腱和神经，都能感受得到这一感召。我们每天早晨睁开眼，伸伸懒腰，都充满着活力，准备好去迎接一天的挑战。

◆ 木孩子专注时

木孩子反映出春季的活力特点，他们不睡懒觉，随时整装待发，甚至在他们会走路之前，他们就对物体如何移动好奇不已，不断突破界限，探索这个世界。我们认为他们是"动觉型学习者"和"感官追随者"，他们要通过触摸、操纵事物，才能更好地理解事物。当他们对这个世界全神贯注时，他们的潜能就会闪耀出来，成为真正的英雄。当他们全情投入时，他们的注意力会如虎添翼，帮他们勇敢而又灵活地应对挑战。

木孩子的原型是探索者，是先锋。受好奇驱使，他们会不断向前，突破一个个界限。托马斯·爱迪生（Thomas Edison）就是该类型的一个典范，他思想独立，早早就被踢出了学校，但没有他的发明，我们现在还会在黑暗中摸索。

木孩子渴求探险的刺激和兴奋，有时甚至会毫无畏惧感（这让父母非常担心），可能也是因此，他们往往极为喜欢电子游戏——游戏速度越快、越暴力，他们越喜欢。

从体质上论，木孩子往往是精瘦而健壮，关节灵活，协调能力好，是天生的运动员体质。在古代的部落里，他们往往充当侦察兵，或是训练有素的猎手，在团体中起着举足轻重的作用。

木孩子极为自尊，他们迫使自己去赢，拔得头筹，讨厌失败。作为成年人，这种大胆进取的精神使得他们成为成功的企业家。美国就是一个推崇这种文化的国家，我们崇拜那些在这片土地扎根的拓荒者，我们敬仰他们，他们虽然衣衫褴褛，但热爱自由，闪耀着个性的光辉。他们使得美国变得如此富饶，如此强大。但是，虽然我们很珍惜成年人的这些品质,然而对于父母和老师而言,面对成长阶段的木孩子,依然是一段令人望而生畏的经历。因此,木孩子也往往首先就被认为患有小儿多动症。

◆ **木孩子的吸引物／干扰物**

木孩子很容易就被物体的移动所吸引,也因此易分心。任何移动的物体都会激发他的探索欲,因此,当他的身边一切都不动,或更糟的是,当他被禁止移动时,他会觉得天性被压抑了。可以想见,对于一个木孩子,硬要他坐在一个安静的教室里,会刺激他的"小狗心",使他注意到教室里的任何一点风吹草动。

◆ **木孩子走神时**

当木孩子的行动自由受到限制时,他活跃的脑神经会觉得沮丧、亢奋,甚至充满敌意。种种迹象表明,他那"小狗心"又在吠叫了,当他们通过运动探索世界的这条路被切断后,他们表现得就犹如笼中困兽一般,坐立不安,十分焦躁,甚至会大喊:"这不公平!"事实上,他们这种呐喊,正表达了木孩子的安全感的缺失。

对于木孩子而言,觉得最受局限的地方莫过于学校了。

在幼儿园里，当大家一起围成一圈做游戏时，木孩子就会绕着圆圈不停地跑，父母常会听到说他们的孩子"太活泼"了，需要看看是否患了多动症。

种种迹象表明，木孩子对于威胁到他的这个世界采取了置之不理的态度。他会开始渴望强烈的感官刺激，这使他很容易成为电子游戏的俘虏。当然这些游戏对木孩子而言，不仅仅是好玩那么简单，他们为之上瘾。他们在电子游戏上花的时间越长，他们就越不想待在学校，从而在课堂上越发觉得没有安全感，如此恶性循环下去，情况越变越糟。因为目无尊长，木孩子往往被恼怒的家长和老师惩罚，变得对批评越来越敏感，他们的行为也越发脱离常轨，具有破坏性。

木孩子大脑内"小狗心"的呼唤，主要通过孩子生气表现出来。对于木孩子而言，他们的学习方式就是不断突破限制，那么当他们内心觉得不安全时，他们会表现得具有破坏性，时间长了，会导致紧张性头痛，肌肉抽搐。这些都是压力太大的反映。

◆ **木孩子的睡眠**

在长期缺乏安全感的状态下，孩子大脑中的"小狗心"控制了"青蛙心"。对于一个压力太大的木孩子而言，常会表现出无法入睡和睡眠不安的典型症状,有的孩子还长期尿床。他们在梦中过于投入,以至于没有控制住夜间的排尿。无论是对孩子还是父母,尿床都是令人尴尬和沮丧的。木孩子往往起得早,常常睡眠不足,时间一长,这样也会降低他的注意力。

因为极为活跃,木孩子往往被认为具有多动症的典型症状,但我们将会看到,不同特点的孩子都能够努力集中他们的注意力。

木孩子的特点

专注时(大人心)	走神时(小狗心)	走神时的体征表现
"真正的英雄"	"不服管教的孩子"	身体扭动,抽搐
被运动所吸引,喜欢探索	因为静止而烦躁	肌肉痉挛
号召力	不随大流	迁移性神经疼痛
身体灵活	过于活跃,坐立不安	经常尿床
喜欢探索	讨厌被束缚	渴求:刺激物、糖、苏打水、黄油
胜任挑战	易产生挫败感	害怕:评判、禁闭、尊严扫地、失败
通过肢体学习	过分自信,拒绝帮助	呐喊:"我要以我的方式来做!"
目标驱动,讨厌失败	工作匆匆赶完	
喜欢危险运动带来的刺激	随时准备"猛扑"	
挑战局限	好争辩	
有效争论	易受挑动,怒气十足	
原型:开拓者	目无权威	

火孩子

火对应的是夏季,与春季万物破土而出的冲劲不同,在夏季,植物的生长达到顶峰,花儿争相怒放,异彩纷呈,芳香四溢,引来一群群蜜蜂和蝴蝶。夏季万物也开始成熟,准备授粉。夏季是休闲时节,随着天气越来越热,人们被迫放慢工作,放松心情。他们去度假,四处观光,享受着快乐,不断尝试新东西。

火给我们的各式庆典带来了光和热,带来了喜庆。想想每年7月4号(美国的)国庆日,焰火在空中成花朵状绽放的情景。在夏季,日照充足。火对应着正午的太阳,鲜红如血的颜色,充满张力,散发着玫瑰的香气。就我们的身体而言,当我们脸红,心跳加速,血压升高时,我们能感受到火的力量。

◆ 火孩子专注时

火孩子即使在婴儿时,也表现得开朗乐观,这是显而易见的。就像夏日里的一朵鲜花一样,他兴高采烈,把其他人吸引到身边。当他全神贯注时,他的头脑潜能充分发挥,可以成为一位名副其实的领导人物。他的注意力表现为高度投入到每一件新鲜事物中去。在马丁·路德·金（Martin Luther King Jr.）撼动山岳的演讲中，你能体会到典型的火的性情。

火孩子直觉能力很好，能感受到其他人感受不到的东西。他们就像黑暗中唯一的蜡烛，凭着自身的魅力，点亮整间屋子，但即使是极小的一阵微风，也会摇曳它的烛光。这就是火孩子，他们对外界的风吹草动极为敏感。

与木孩子类似，火孩子是外向的，追寻感官刺激的，但与木孩子一味突破限制不同，他们吸收刺激。随着火孩子长大，随遇而安的个性让他们赢得了所有人的喜爱。火孩子喜欢表现得很傻，并且努力让别人也看上去很傻。在对抗权威方面，他不像木孩子那样锋芒毕露。他的个人魅力十足，天生就是当领导的料，如果突然把他置于聚光灯下，他也会觉得不适，但他还是会忍不住开始逗笑。火孩子的原型是魔法师，他们无论走到哪，似乎随时都能创造魔法。火孩子渴求较高的强度，但如果事情发展太快或太过突然，容易受到惊吓。那时你就会听到他们的"小狗心"在不停叫唤。

◆ **火孩子的吸引物／干扰物**

火孩子会被新鲜的刺激所吸引，任何他觉得新的或活的东西，都会彻底地吸引他。这种吸引力会让人上瘾，哪怕有时巨大的变化会让他不知所措。而一旦这样的刺激太多或不够时，他们会觉得不安全。火孩子忍受不了枯燥无聊，到那时，哪怕一点点的刺激也会让他分心，使他无法长时间集中注意力。

◆ **火孩子走神时**

火孩子情绪往往会大起大落，前一分钟还在笑，下一分钟就在哭了，这会加剧他的不安全感，导致恐慌。对于火孩子而言，没有比叫他严肃起来更让他害怕的了，为了克服这种内心的恐慌，他们往往会以班级小丑的角色，活跃课堂气氛。任何想法，他们都要表现出来，显得冲动鲁莽。这容易形成恶性循环：一旦觉得失控，他的感官就会放大这种感受，受到惊吓会蹦起来，或抱怨说衬衣上的标签困扰了他。这些都表明他需要帮助——他大脑中的"小狗心"占据了主导地位。

在班上，火孩子和木孩子类似，都是极度活跃的，但与木孩子挑战权威不同，火孩子会以最为经济的方式获得乐趣。他们就像夏日花园里的蜂鸟一样，从一个东西跳到另一个东西上，不停地寻找乐趣，完全忘了课堂上老师在讲什么。我发现，火孩子冲动的程度是与他内心的不安全感息息相关的。火孩子行动不加思考，往往事后会伴随着后悔的情绪，因为毕竟他们只是想让别人爱他们。但他越是努力尝试，越容易导致离谱的后果。有的火孩子在学校把这种情绪压抑着，回到家立刻就崩溃了。

从身体上而言，当火孩子失控时，他的代谢系统会加快，身体会发热，这会导致血糖不稳，进而导致情绪不稳。为了满足强烈的饥饿感，他往往会渴望吃垃圾食品，当长时间处于亢奋状态下，往往会表现出突发性腹泻、流汗、面红耳赤、荨麻疹，或是反流。他们往往会过于兴奋而忘了去上厕所，这表明他的"小狗心"控制了"青蛙心"，容易导致慢性便秘和大便失禁——后者往往是因为憋太久引起的。

◆ 火孩子的睡眠

火孩子白天太活跃了，到了睡觉时间，他往往会疲惫不堪。如果白天太累了，他们晚上也有可能睡不安稳，可能会说梦话，与木孩子类似，也可能会尿床。如果睡眠不足，他的行为会变得极端，而且注意力也会受到严重的影响。

◆ 注意：火孩子与危险行为

火孩子易被强烈的感觉所吸引，因此在青春期阶段，他会面临一些成瘾行为的诱惑。木孩子可能会为了追求打破规则的刺激感而喝酒或吸毒，但火孩子则不然，他可能会为了躲避成年世界的压力而去追求毒品的慰藉。

火孩子的特点

专注时（大人心）	走神时（小狗心）	走神时的体征表现
"真正的领导者"	"班级小丑"	面红耳赤
被任何新鲜的事物所吸引	因为变化而烦躁	出汗增多
高投入感	容易上瘾	低血糖
有人格魅力	挑衅的	明显的症状反反复复
爱玩乐	冲动的，无法预知的	易患突发性腹泻，大便失禁
从不厌倦	极度敏感	易患心悸，反流
充满热情	抱怨无聊	睡眠障碍
依赖直觉	易受惊吓，恐慌的	喜欢：甜食、辣食、冰
跳跃，舞蹈，唱歌	狂热的，过火的	怕黑，害怕没人爱
喜欢戏剧，表演者	情绪易变	呐喊："我控制不了自己！"
原型：魔法师		

土孩子

土对应收获的季节。生活在现代的工业化社会，我们往往忘了收获的意义，收获是从炎热的月份到凉爽月份的过渡阶段，此时万物开始成熟。它是夏日万物生长的顶峰，也是花儿开始结果的时候。只要想想在葡萄园，当我们决定摘葡萄的日子是多么慎重，就明白收获的意义有多大了。太早或太迟都不行。

在古代,这"第五季"也是家庭成员聚集在一起收割庄稼,庆祝劳动果实,感谢收获的节日。在此时,我们总结这一年的事情,打听各自的生活,为将来几个月制订规划。这一不起眼的季节残留在我们现代文化中的唯一印记就是感恩节了,它最初是在秋冬之交的"小阳春"里举行。

土代表了我们日常生活的中心,正如收获季位于各个季节中心一样。虽然我们都离不开它,但我们有时对它的存在熟视无睹。土地让我们种植作物,也接纳我们排放的垃圾。从每天的循环来看,土对应下午,在地中海文化里,还保留着午休的习惯,我们在一日的工作中稍作休息。当我们不再进食时,我们也能够通过腹部感觉到土的力量。土的颜色象征黄色。

◆ 土孩子专注时

土孩子是甜蜜的,就像熟了的果实,他愿意参与到活动中来,对于社会团体非常关注,但他更愿意远离聚光灯,不那么引人注目。当他专注时,他的"大人心"的潜能得以发挥,使他成为真正的照料者,关注到人们的各种需要。土孩子考虑周到,值得信赖,竭力维系家庭的亲情和朋友间的友情，希望人人皆大欢喜。土孩子的原型是调停人。他的天性使得他对于事物之间的联系十分关注，这种类型的人物并不总是很出名，因为他们更愿意远离聚光灯，特蕾莎修女（Mother Teresa）就是这样的一个楷模。他们是我们生活中值得信任的助手。

土孩子通过情境来学习，如果离开了情境，他就无法理解相关信息的重要程度，也无法长时间保存相关信息。在与别人的交往中，土孩子收获了更高的安全感，他喜欢与别人一来一往的对话，对家庭、朋友、俱乐部、队伍均有归属感和依恋。只要能够和队伍在一起，他可能并不在意队伍是赢还是输。事实上，如果对手输了，他可能也会很难受。

从外形来论，土孩子往往是肥胖的、圆滚滚的，甚至当他们是婴儿时，就会被人唤作"菩萨宝贝"。当他觉得缺乏安全感时，往往会产生消化系统的问题。

◆ **土孩子的吸引物／干扰物**

土孩子十分在意保持联系，因此，他们最大的干扰来自分离。当他们内心觉得很安全时，他们会专注于似乎没什么联系的事物，并致力于把它们组合成一个有机的整体。当他们缺乏安全感时，他们会迷失，茫然不知所措。

这意味着他们脑海里的"小狗心"开始叫唤了，他们也无法集中精神。

◆ 土孩子走神时

土孩子与其他人没有联系时，会更加感到不安全，他无法思考，焦虑不安，无法集中注意力。在家时，当其他家庭成员关系不好时，作为天生的调停者，土孩子会忧心忡忡，他会发现自己常常处在各种争论之中，左右为难。为了避免让父母担心，他可能会把这种担心隐藏起来，内心里为别人的问题而去谴责自己。长期的分离焦虑可能就是这种夸大的不安全感的首要标志。

在学校，土孩子更愿意在一个群体内完成任务，越是被要求独立完成，他就越难以集中精神，这就形成了一个越来越焦虑的恶性循环。

对于火孩子或木孩子的缺乏安全感，人们可能不会忽视，但土孩子一直以来，往往游离在人们视线之外，他们可能看上去在专心听讲，那只是因为他们想讨老师喜欢。如果他们的学习习惯得不到重视，他们根本无法好好学习。到三四年级功课压力加大时，他们才无力继续骗下去。最初只是一些含糊的身体上的抱怨，比如胃痛。与火孩子和木孩子外在的表现不同，土孩子会被内心的纠葛困扰，担心有人对他生气。与同伴的脱离感越强，他就变得越发不肯松手，无视边界和规则，从而把自己和同伴隔离得更远。在十到十二岁期间，孩子们的社会小团体形成阶段，土孩子尤其会受到来自同伴压力的冲击。

当"小狗心"统治着土孩子的注意力时，他们就会表现得像患有选择困难症。这种类型的多动症的孩子会表现出明显的犹豫不决和缺乏条理性。他会想："如果坐在你旁边，她会生气，如果坐在她旁边，你又会生气。"或是"如果我开始做数学作业，就没有时间做英语作业了，但如果做英语的话，数学又做不完了。"身处崇尚个性和独立的社会，土孩子却渴求一份对团体的依恋感，因此常常被人们不分青红皂白地批判，而这大大加剧了他们的不安全感。

◆ **土孩子的睡眠**

土孩子在想事情的时候，很难入睡，因为他的"小狗心"凌驾于他的"青蛙心"。他越睡不着，就越担心睡眠不够。土孩子往往会凌晨两点来到父母卧室说："妈妈，我睡不着。"他只是需要与他人建立联系。

土孩子的特点

专注时（大人心）	走神时（小狗心）	走神时的体征表现
"真正的照料者"	"愁眉苦脸的人"	消化不良
无处不在	想得太多	隐隐的胃痛
有依恋感	易受分离困扰	暴饮暴食
非线性思考者	没有条理，犹豫不决	体重问题
天生会关注别人	社交过多	喜欢：甜食、碳水化合物食品
通过与别人的关系学习	界限不分	害怕：分离、难以融入团体
以集体的名义做决定	不能独立工作	呐喊："你做我就做！"
乐于成为集体的一部分	过于依赖别人，爱发牢骚	
原型：调停者	生活困苦	

金孩子

经过土的收获，下一个季节就是秋季了，此时还没有摘下或吃掉的果子会掉到地上，变干，果皮会变厚，以保护里面珍贵的种子。在五类型对应图中可以看出，金负责反射表面的力，给万物加上防护罩。我们开始觉得空气更加干燥、清凉，树叶开始干枯变硬，从树上飘落，显露出树林复杂的结构，突然间我们就可以看到树木生长的纹理。落叶树开始干枯，露出遮掩的花园围墙和人行道。秋季显现出的种种图案，让我们得以窥见自然的节律。

秋季的颜色为亮白色，图案精确，界限分明。在我们的呼吸中，我们感受秋的讯息。随着夜晚越来越长，白天越来越短，我们意识到时间的流逝。白天的短暂，在美好的日落时表现最为明显。就这样，带着一丝不舍，我们告别了白昼。

◆ 金孩子专注时

金孩子通过把握世界的脉搏和逻辑来理解它，他能发现别人看不到的模式，有直达事物本质的本领。当他专注时，他的"大人心"潜力得以发挥出来，他会成为一个名副其实的仲裁者，衡量争论各方的观点。他的注意力极为精确，能够通过细节，感知到事物的结构、形状、逻辑。黑，白，黑，白……下一个一定是黑。在程式化和一致性中，金孩子觉得安心。他就是这样应对外部世界。

金孩子有很突出的美感，对于图案和谜题很感兴趣，越是不起眼的细节他越关注。甚至还是婴儿时，金孩子只有面对周全的安排，才觉得安全。我们往往可以看到，金孩子在成长的各个阶段，严格地遵循先后顺序，只有前一个发展阶段做好了，才会进入下一个发展阶段。金孩子对于玩耍的方式有自己的一套，完全不管其他小孩怎么玩。

The Five Ways of Focus | 专注的五种类型

金孩子思想独立，严格遵循界限，这与木孩子不断突破界限和土孩子千方百计挤进界限相比，对照鲜明。金孩子的原型是炼金术士，他们可以转变物质，因为他们在细节中发现逻辑。像弗兰克·劳埃德·赖特（Frank Lloyd Wright）这样的建筑家，以及像埃塞克·牛顿爵士（Sir Issac Newton）这样的科学家，他们都具有典型的金孩子的特征，都能从事物的形式中创造出美。

就身体而言，金孩子看上去有些僵硬，常常展现出古怪的姿势。他们可能会避开直接的目光接触，品味有些挑剔，但作为小孩子而言，这显得非常有教养。

金孩子通常在涉及图案辨识和排序这样的科目方面表现优异，比如写作、绘画、音乐、数学。他们可能很小就表现出对字母的强烈兴趣。金孩子有自己的是非判断，对事泾渭分明，非黑即白。由于计划常常赶不上变化，他经常会弄得焦头烂额，左右为难。

◆ **金孩子的吸引物／干扰物**

金孩子向往井然有序的生活，杂乱无章会让他心烦意乱。他们致力于把孤立的事物联系起来，发现其中的模式。这可能比他身边其他的一切都要重要，尤其是社交生活，在他们看来反复无常,无须参与。这种反复与混乱,恰恰就会加深他们的不安全感。

◆ **金孩子走神时**

当金孩子觉得安全感受到威胁时,往往会变得古板顽固。当外界的反复无常达到一定程度时,他的"小狗心"就开始吠叫,呼唤秩序。此时,金孩子注意力的精确性就变成了一种强迫症。在学校,金孩子面对的是一套全新的规则,而这可能与他脑海中的是非观点相冲突,有时候,金孩子面对各种交际团体,会觉得难以应对。

但与小儿多动症的其他类型的孩子不同,在重压之下,金孩子往往会表现得高度集中,他会只见树木不见森林,纠结于事物的变化无常而无法自拔,对于团体的其他成员不闻不问,这就导致了一个恶性循环:越是专注,就越顽固,也就越被排斥。孩子觉得被误解了,这将会让他变得更加顽固。

金孩子努力在他的世界营造一种秩序感,在这个过程中,任何的过渡或转变都会变得危险。在金孩子这样紧张的状态下,哪怕只是最微不足道的变化,他们也会觉得失望。他们努力想要弥补这种失望之情,就会变得自以为是,这让老师和父母都极为沮丧。随着他们内心的不安全感上升,他们对于外界的批评，也变得极为敏感。他们的错误行为也因此带上了谴责和羞耻的情绪。当老师全力把课堂进度向前推进时，他会发现金孩子拖慢了班级的进度，因为他们需要保护和安全感。在这样极为紧张的状态下，他们的注意力会变得极为僵硬，很难放松。

在面对外界感知到的各种混乱时，金孩子可能会展现出行为上的某种顽固性，以此来维持其生活中的秩序感。在极端的情况下，他们的面部会抽搐。当他越想掌控全局，其表现就越明显。金孩子与外界的格格不入在身体上的表现还包括：湿疹、气喘、便秘——这些迹象都表明他们无法放手，不懂放松。在青少年时期，金孩子缺乏安全感，会导致他们面临一些强迫行为的风险，比如饮食紊乱。

◆ **金孩子的睡眠**

金孩子对变化非常敏感，因此对于他们而言，如果睡眠没有一套程式化的规定时，他们就会难以入睡。通常情况下，金孩子的不安全感越高，他的睡前程序就越复杂，这让父母们感到极为沮丧。

金孩子的特点

专注时（大人心）	走神时（小狗心）	走神时的体征表现
"真正的仲裁者"	"吹毛求疵者"	关节、肌肉僵硬
被秩序和图案所吸引	易被无序因扰	头发、皮肤干枯
精确性的威力	行为顽固不化	气喘或便秘
对细节的关注	高度集中	过于敏感
喜欢数字和字母	沉浸在错误中，无法自拔	血液不畅，易冷
天生具有美感	容易被冒犯	对嗅觉、味觉敏感。
天生具有是非感	自以为是	喜欢：有特殊偏爱，钟爱
天生具有韵律、时机感	容易失望	高热量食品
很强的正义感	抱怨别人	害怕：被冤枉，犯错，自
从程序中找到安全感	仪式性、强迫性	身领域受侵犯
具体的思考者	难以想象各种选择	呐喊："这是不对的！"
原型：炼金术士	只见树木不见森林	

水孩子

冬季万物归于沉寂，似乎整个世界都在沉睡。花园里目光所及处尽是白雪和枯枝，但在这寥无声息的表面下，却是一片生机勃勃：根在生长，动物在冬眠，球茎在为来年的生长储存能量。我们只是看不见而已。冬季是安静的复苏和内省的季节，我们会坐在火炉边，读着一本好书，这样的季节适合独自沉思。很多神圣的节日也会选在沉寂的冬季举行。在冬至的漫漫长夜里，我们歌颂生命的神秘特质，思考一些深奥的问题：我们从哪而来？我们要去往哪里？水代表了这些深邃神秘的东西。万物都被白雪覆盖着，海底一片安静而黑暗，海水呈现出暗蓝色或黑色，闪耀着光芒，显现出各种奇怪的形状和光影。在这样的黑暗中摸索，其感觉又怪异又害怕，令人毛骨悚然。

◆ 水孩子专注时

就像冬季的特点一样，水孩子的脑子在想什么，也往往是不容易知道的。在我们的时代，水孩子是深邃的思想家，也是梦想家，拥有大海一般辽阔的想象力。当他们关注这个世界时，他们"大人心"的威力开始释放，使他们成为举世瞩目的圣贤。他们拥有超凡的注意力，对事物极为投入。由于过分沉浸在自己的领域中，水孩子会忘了时间的流逝。甚至还是婴儿时，他们就被称作"老夫子"，在他们深沉专注的眼神里，我们猜不透他们在想什么。随着他们一天天长大，他们更加显得卓尔不群，从自己的内在精神世界寻找意义。水孩子的原型是哲学家，文艺复兴时期的巨人。列奥纳多·达·芬奇（Leonardo da Vinci）就是一个典型的水孩子气质的人，当他去世时，人们发现了他数量众多的笔记，上面记载的内容五花八门，包括植物学、解剖学、绘画、鸟类的飞行、奇思妙想的发明，还有如何捕捉女人脸上那神秘莫测的微笑，等等。这些手稿也好，草图也好，他从没想过发表，这只是他的私人探险，他的内心世界的追求始终排在第一位。

水孩子可能发育得比较缓慢，他们可能开始走路比较晚（当我可以研究我的肚脐时，谁还要下来走路啊？），可能说话也比较晚（当言语无法表达生活无尽的真相时，谁还需要说话呢？），他们甚至会长得比较慢些。这会让家长忧心忡忡。很多水孩子最终都被社会评定为需要社工帮助，才能更好地适应社会的一类人。有时他们需要外界的帮助，才能与我们这个现代的、井井有条的社会保持同步。然而奇怪的是，当他们内心感觉安全时，他们会沉浸在自己的世界里，同时对于他们身边的事依然了如指掌。

对于水孩子而言，时间是个极大的挑战，他们眼中的时间就仿佛无穷无尽一样，因此借助于人为的钟表来生活，给他们带来了极大的压力。必须按照规定的时间来做事，这可以说是造成水孩子缺乏安全感的源头所在。没有其他地方比学校带给他们的压力更大，因此他们就会在学校越来越缺乏注意力。

The Five Ways of Focus | 专注的五种类型

◆ **水孩子的吸引物／干扰物**

水孩子会被时间的无尽的奥秘所吸引,但也会被日常事务的紧迫性所干扰。他们的兴趣与众不同,异乎常人,使得他们在同龄人眼中显得格格不入。因为沉浸在自己的世界里,有时会与其他人联系较少,这也是他们生活中压力的一大来源。

◆ **水孩子走神时**

水孩子遵循的节奏与他人不同,但是如果这种节拍太慢、声音太小,以至于其他人都听不见,那就会有问题。对于水孩子而言,他们压力的一大来源就是遭受误解,在快节奏的课堂上,发生误解的可能性更大。就像小溪从山涧蜿蜒流下一般,水孩子似乎从不走直线,不慌不忙,毫不理会外界的压力。他们总不按时完成功课,让老师极为气馁。外界的压力越大,他只会更深地躲在自己的世界里。水孩子与课堂上时间的压力越是搏斗,就越是落在大家身后,最终可能会导致这样的结果:他们不堪功课压力,变得冷漠而无动于衷。

水孩子拥有丰富的想象力,这干扰了他们的注意力。当他们做白日梦或是凝望窗外时,对于班上发生了什么,他们完全不知道。相比于金孩子坚持以自己的方式做事,水孩子的固执是有所不同的。对水孩子而言，他是心甘情愿沉迷在自己的世界里，这表明他的大脑中"小狗心"占据支配地位。正如水必然要落下，当水孩子内心缺乏安全感时，他们没有任何动力。他们的投入感会变成抽离感，让想要鼓动他们的家长和老师极为恼火。仅仅早上起来穿衣一项，就会花极长的时间。在学校，由于老师自己面临很大的压力，要把班级进度向前推进，此时水孩子看上去就好像拖了班级后腿。由于没有人理解，水孩子往往被送医接受神经功能评价，但就医往往收效甚微，毕竟，评价水孩子的标准还没真正出现过！

对水孩子而言，时间才是他们生活中的刺激物，哪怕是再小的任务，他们完成起来也遥遥无期。一般说来，精神科医生会把这类孩子叫作"冷漠型注意缺陷障碍"。他们不是冲动，过分活跃，恰恰相反，他们几乎呆在原地一动不动。

因为相对其他孩子早熟，水孩子很难像其他孩子那样，玩那些孩子气的游戏。因为常被误解，水孩子往往不合群，常常独来独往，失去与同龄人的联系和交往，处于相对封闭中，因此他会觉得自卑，长期自我否定，抑郁，或者孤独。

◆ **水孩子的睡眠**

水孩子往往早上起不来，他们更喜欢独自待在自己的房间里，享受自己的隐私。他们往往是夜猫子，别人睡着了以后，他们精力才最好。有些水孩子内心藏着恐惧，无法入睡，但他们也许从不会跟人谈起。

水孩子的特点

专注时（大人心）	走神时（小狗心）	走神时的体征表现
"真正的圣人"	"白日梦者"	体力差
极度的投入感	孤僻的、离群的	发育迟缓
深邃的思想家	耽于幻想	牙齿、牙龈变差
知识和记忆早熟	消极想法	背痛
卓尔不群	健忘	喜欢：咸食、肉、辣食
意志力强大	对立的	害怕：死亡、攻击
愿意独处	社交孤立的	呐喊："你不能强迫我！"
痴迷于奥秘和魔法	阴郁，忧郁，喜怒无常	
往往很安静	难以表达清楚想法	
做事从容不迫	无法完成任何事情	
想象力丰富	绝望，易抑郁	
原型：哲学家	无动于衷，缺乏动力	

小儿多动症的五种类型

本章的目的是在尊重孩子多样性的基础上，发现每个孩子集中注意力的独特方式。当各方面条件与孩子天性相符合时，孩子可以有效集中注意力，扩展"大人心"，提高深层次的理解力、沟通力、想象力和自我调控力,这也是父母对孩子的期望。

当各方面条件与孩子天性不相符时,这些木孩子、火孩子、土孩子、金孩子,以及水孩子脑海中的"小狗心"就开始吠叫,喊出他们的不安全感。如果仔细看的话,当这五类孩子的"小狗心"占据支配地位时,他们都表现出小儿多动症的症状。下面的表格就是这五类小儿多动症的特征。

木孩子	火孩子	土孩子	金孩子	水孩子
挫败感	冲动的	忧虑的	古板的	离群的
极度活跃	愚蠢的	强迫性的	高度集中	白日做梦
生气的	懒惰的	缺乏组织的	不好动	缓慢拖沓
暴躁的	无聊的	犹豫不决的	强迫症	无动于衷

没有包治百病的方案

对这五类小儿多动症不加区分的治疗,在医学上是不可取的,也是极为危险的。木孩子无法集中注意力,是因为他们就想逃走,完全坐不住。火孩子无法集中注意力,是因为他们极度敏感,性情冲动。土孩子集中不了注意力,是因为他们过于忧虑,无法做出决定。金孩子无法集中注意力,因为他们被细节所困，无法跟上班级进度。至于水孩子，他们无法集中注意力，是因为他们躲进自己的世界里面了。但每种类型的孩子都在呐喊，都在求助。

如果对他们用同样的药物的话，结果就会是这样：

对木孩子而言，似乎短时间内立竿见影，孩子突然间就专注于老师的讲课了，为什么？因为木孩子痴迷于速度，喜欢刺激感，给他们服用的药物让孩子产生一种"化学紧迫感"，使得课堂变成了生死攸关的场所，其紧张感丝毫不亚于他们喜爱的电脑游戏。问题是他们很快就适应了这种感觉，必须要不断加大药物剂量，才能维持这种兴奋感，保持精力集中。剂量逐渐加大，会导致孩子出现一些类似中毒的症状，比如头痛、心悸、体重下降、失眠等，而这些又分别需要不同的药物治疗。

当火孩子被施以药物治疗时，可能对他的注意力会有一定改善，但对孩子的个性会有很大损害。父母抱怨说，药物治疗后，孩子身上人见人爱的魅力不复存在了。火孩子本身也不喜欢药物治疗，会抱怨说服药让他变得暴躁易怒，或导致他心悸。服药让火孩子的生命之火变得黯淡，就像有位孩子说的那样，"这种方法带走了欢乐，让一切显得如此单调"。

土孩子无法集中注意力是因为他想得太多,当他服药后,他会变得更加焦虑,身体上表现出更多压力之下的症状,比如失眠和胃痛。

当金孩子服用这些刺激类药物时,只会让他原本紧张的状态雪上加霜,如果说以前他还是只见树木不见森林的话,那么现在他就是只见树干而不见树木了!药物加深了他的顽固和倔强,导致他出现运动性抽搐,一些强迫症行为也会加重。

当我们给水孩子服用药物时,药品带来的速度感只会适得其反,把孩子进一步推入自己的世界无法自拔。孩子对世界的剥离感进一步加深,会有抑郁的风险,甚至产生自杀的念头。

有意思的是,当我们阅读治疗小儿多动症的药物标签时,就可以知道会出现这些症状。相当一部分孩子服药后,会出现头痛、心悸、性情变化、胃痛、强迫症行为、痉挛,甚至自杀念头等副作用。但没有谁会具体解释,哪种孩子会面临什么副作用。这些副作用就像闪电一样,不知会降临到哪个倒霉蛋身上。这极不科学,给服药的孩子带来了无法承受的风险。给孩子服药而不知道药物对孩子产生的风险,就好像治疗发烧却不了解发烧的原因一样。这不是好的治疗方法。

从另一方面讲，一旦我们对孩子的天性有了了解，我们就可以发现更多有针对性和实用性的方法，来提升孩子的注意力。

这种五类型模型的好处在于它充分考虑了每个人的差异性。适应这种类型的方法未必就适合其他类型。这些不同性格的孩子，都是我们所需要的，他们有不同的偏好，成长发育的速度也不同，但对于我们社会而言，都是非常重要的，我们的祖先也深知这一点。每个孩子都能为这个世界有所贡献。当我在为孩子治疗时，他们会发现自身隐秘的威力，从而为他们实现自我价值开辟了一条新路。问题的关键在于找到合适的方法，把这些潜能发挥出来，把他们的情商调动起来，使他们充分发挥他们的才能。我们在下一章可以看到，一旦你了解了你的孩子是哪一种类型，就可以有针对性地制订治疗方案，帮助孩子成长。

还在为孩子的天性困惑？

对于有些家长而言，判定孩子属于这五种类型中的哪一种，可能有一定难度，而对有的家长而言，这可能比较明显。记住一点：这五种自然力，我们或多或少都有，是这五种自然力的混合比例，决定了我们的个性。没有哪个人是百分之百的水或火的性格。不同的成长环境，会让我们呈现出某一特定的性格。对于一些孩子（还有家长）而言，他们可能会呈现出两种性格，这是很重要的信息，这就能解释他们生活中曾出现过的内心的冲突。当我们逐渐长大，我们开始学会展露其他个性，以便更好地生存下来，这样就会出现混合类型。

不过，我们最好还是看看，孩子主要采取哪一种方式来适应外界的压力。针对其他类型孩子的建议，你也可以采纳。如果你还不清楚如何判断自己孩子个性的话，这里有一些建议：

五种自然力的序列

1. 五个季节按顺序排列：夏季白天最长，也最热，而冬季夜晚最长，也最冷。正如这张图所示，这五种自然力分布其间，火（最为外向）在一端，水（最为内省）在另一端，你的孩子会位于这张图的什么位置呢？他是更容易被外界干扰还是被内心困扰？木孩子与火孩子更容易受外界刺激，而在另一端，水孩子与金孩子更关注内在刺激，至于土孩子，他们大概位于中间位置，有时与外部世界纠缠，有时又与内心想法搏斗。因为土孩子非常在意融入群体，有时他们的真实想法会隐藏起来，难以辨认。他们就如同变色龙一般，与周围的孩子看上去并无二致。你的孩子会被这个图的哪一端吸引过去呢？如果你真的无法确定孩子是哪种性格，那他可能就属于土孩子这一类。

2. 如果你的孩子有些特点无法完全符合某一类型，也不要因此而困惑。正如我们在接下来的章节所要看到的那样，出现这种现象可能表明孩子也在探索中。我们可以先找到孩子身上最为显著的特征。

3. 记住一点：要看到孩子对什么感兴趣，而不要仅仅看到孩子因为什么而分心。孩子的热情能够帮助我们找到他的注意力症结所在，从而提高其注意力。请记住，所谓小儿多动症的五种类型，只不过是这些注意力的放大而已。

4. 请记住，我们作为父母，在判定孩子性格时，往往会带有我们的主观印记。对于孩子的行为举止,我们可能都有自己的具体的期望,因此我们往往会希望孩子就像自己一样。然而孩子长大以后,却很少成为父母的翻版,如果对于孩子的特点考虑不足,就会带来很多的困扰和误解。

5. 如果你依旧难以确定孩子的性格,请朋友或另一位家庭成员来看看图表,帮助你来判断。你还可以登录网址www.stephencowanmd.com下载教师问卷表。

6. 以下表格对这五种性格进行了一番比较,也许对你会有所帮助。

五种性格的比较

水孩子和木孩子专注时都有探索的热情	水孩子 专注时很安静,注重内心	木孩子 专注时很主动,注重外在
水孩子和木孩子走神时都很孤单	离群	反击

木孩子和火孩子专注时 都渴望兴奋	木孩子 目标直指成功	火孩子 目标直指乐趣
木孩子和火孩子走神时 都很易怒	从不满足， 易有挫败感	容易过度兴奋， 往往会恐慌

火孩子和土孩子专注时 都喜欢与人接触	火孩子 会主动与人接触	土孩子 满足于现有联系
火孩子和土孩子走神时 面对分离都很恐慌	行为冲动， 易受直觉困扰	对保持联系忧心 忡忡，易被困扰

土孩子和金孩子专注时 都喜欢可靠性	土孩子 在群体中才觉得安全	金孩子 满足于现有联系
土孩子和金孩子走神时 都想得太多	过于考虑群体， 易受细节干扰	过于关注局部， 不见整体

金孩子和水孩子专注时 都喜欢独处	金孩子 离不开固定的节拍 和程式	水孩子 需要自由的时间， 不要一成不变
金孩子和水孩子走神时 都变得很安静	纠结于是非对错 迷失于细节中， 易冲动，因于事	躲藏在想象力中， 迷失于自我的世界 中，缺乏动力，没 有目标，害怕

对比强烈的性格

火孩子与金孩子	火孩子 追求强度，被新鲜东西吸引，厌倦一成不变	金孩子 讨厌强度，喜欢一成不变，害怕变化
水孩子与金孩子	水孩子 喜欢独处	金孩子 不喜欢独处
金孩子与木孩子	金孩子 后退	木孩子 需要向前
木孩子与土孩子	木孩子 推进与人联系	土孩子 满足于现有联系
土孩子与水孩子	土孩子 渴望联系	水孩子 往往离群

第五章

寻找解决之道
Mapping Solutions for Your Child

众所周知,没有人生活在真空里。我们如何集中精神,我们关注什么,这些都取决于我们自身,我们与周围人的关系以及我们的经验。只有通盘考虑,才能了解孩子的生活环境。小儿多动症的五大类型让我们对于孩子的性格有了一个初步认识,帮助我们找到方法提高孩子的注意力。例如,如果碰巧有个孩子,举止冲动,情绪大起大落,其症状与小儿多动症的火孩子类型相符,那么我们就可以基于此制订方案,帮他提高注意力。

一旦你了解了孩子的性格,就可以开始想办法塑造孩子的成长环境,这样孩子在任何情形下,都可以掌控自己的注意力。记住一点：大自然青睐多样性。良好的环境能够让孩子形成全局意识，对变化的环境也能够产生更丰富的情绪，这就是我所谓的"多样性"。你的孩子在面对压力时，可以自由选择任何一种回应，这样他就可以创造性地适应这个世界，避免被"小狗心"支配，难以自拔。我们不妨列出一个方程式：

> 适当压力=拥抱世界=拥有多样性
>
> 压力不当=拒绝世界=固执自闭

在环境与注意力的关系上，二者是相互作用的。如果无法体验不同的情绪，就会给周围的环境带来压力，孩子扰乱课堂，就是这样的情形。为了打破这个恶性循环，我们要保证孩子"小狗心"的安全，同时扩展他们的"大人心"，这是孩子幸福和成功的关键。在本章中，我们会讨论提升孩子"大人心"的注意力的方法，在之后的章节里，我会对这五种小儿多动症的具体方法进行探讨。

了解自我

首先我们要了解,作为孩子的照料者,你有哪些优势。在这个过程中,你承担何种角色?可以说,在孩子独特的技能和才华的形成中,老师和家长起着举足轻重的作用。所以,首先得仔细研究下你自己的天性。常常令我感到惊奇的是,孩子们在成长中所需的一些品质,他们的家长恰好具备。你所要做的就是把他们找出来。家长们有时会说:"是我的孩子注意力有问题,而不是我。"本书绝无将孩子的问题迁怒于家长的意思,只是想要家长们参与进来,一起解决问题。当你发现如何开发自身的天性,你就会积极参与到孩子的未来中来,这样你就成了孩子最好的良药。当然,了解自己需要时间,也需要实践。

力的相互作用

古代中国人是在效仿自然界五种力相互关系的基础上,来理解人体健康的。每一种力都不能单独存在,就像四季无法孤立存在一样。万事万物都是相对的,离不开它存在的环境。根据这些原理,我们可以找到一些切实可行的方法,来纠正孩子的行为。

作为孩子的父母，只要发现孩子独特的潜质，就会提高他们的期望值。他们会以全新的眼光看待孩子，开始理解孩子的需要，为孩子创造一个安全的成长环境。爱的伟大魔力就在于它有极大的宽容度，接纳着孩子的多样性和差异性。记住一点：我们的宗旨是保护孩子的天性，将其发扬光大，为孩子提供良好的成长环境，提供孩子所需的安全感，只有这样，孩子才有能力扩展他的"大人心"。为了达到这个目的，我建议按照以下四个步骤进行：

1. 满足"小狗心"。
2. 训练"小狗心"。
3. 扩展"大人心"。
4. 掌控"大人心"。

◆ **满足"小狗心"：提供安全感**

每个父母都希望自己的孩子能集中注意力，但在此之前，你得知道如何为孩子创造出安全环境。正如季节依次更迭，这五种力也是互相依赖，周而复始，保证万物的生长和

安全。要克制孩子的"小狗心",你必须了解以下规律:

木生火: 木是火的燃料(就如同春变成了夏)

火生土: 灰烬入土(就如同夏变成了收获期)

土生金: 土生金(如同收获期变成了秋)

金生水: 水从山顶流下(就如同秋变成了冬)

水生木: 冰雪融化,树木开始生长(就如同冬变成了春)

滋养圈

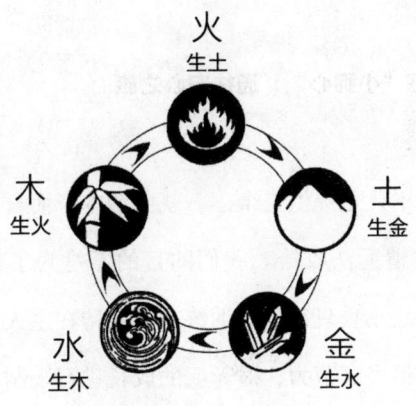

以上这个图表就是生命生生不息、互为给养的循环,其道理昭然若揭,不用做任何复杂的试验来证明。每个季节都滋养着下一个季节,我们只要找出孩子属于哪种气质,就能知道滋养这种气质的力(在图表中,即为孩子气质所在序列

的上一个力），进而为孩子建立起适合的环境。通常情况下，非语言（比如身体语言）能够激发起孩子心中坚实的安全感，使孩子体会到平静的专注是什么感受。这样做，孩子就可以在感受和反应之间建立联系。举例说吧，火生土，也就是说，土孩子过分焦虑，就需要火的帮助（即同情和幽默），来开阔心胸，强化他与世界的联系（土孩子的天性就是如此）。首先克服孩子"凡事我为先"的心理，然后才能希望孩子的"大人心"发挥作用。

◆ **训练"小狗心"：通往安心之旅**

生活远不只是提供安全感。就生活本身而言，一味地满足只会让事情无法收拾。我们的目的不是为了惯坏孩子的"小狗心"。小狗只有通过训练，才能待在主人家里，在自然中，存在很多调节力，对无羁的成长进行限制。然而，就训练而言，我们并不是要毁灭孩子的精神，这就是"少才是爱"的真谛。你可以列出孩子生活中互相抵消的各种力：

水调节火：一点点水就能控制火，是它发挥作用，水太大就会完全把火熄灭掉。

木调节土：一点点木就能抓住土，防止山体滑坡。木太多则会分裂土壤，使土壤寸草不生。

火调节金：一点点火可以淬金，将其变为想要的形状，为人所用。火太大，就会把金熔化成一摊液体。

土调节水：一点点土可做沟渠，把水引到需要灌溉之处。土太多就会变得泥泞，影响水的清澈和流动。

金调节木：一点点金属可用来修剪树木，使其成型，助其成长，金属太多就如斧头，会把树砍倒。

这就是生命的相互调节。当你为孩子的成长建造了安全的港湾，你就可以把孩子的天性引上一条安全之路，而不会使其陷入好动的怪圈。当我们让孩子体会了安静地集中注意力后，可以进一步尝试让他体会情绪的变化。训练小狗时，我们通过重复和奖励来强化小狗的行为习惯。当"小狗心"觉得不安全时，它也需要积极的非语言反馈，来提升亲密感，抑制吠叫的冲动。这样可以加深孩子对你的信任，让你与他一起迎接挑战。但这是件非常棘手的事，不要想着一蹴而就。

给孩子太多的束缚，只会压抑他的天性。反之，利用孩子的兴趣，可以逐渐引导他们去经历更加多样的情绪。比如说，木孩子喜欢运动，但过于活跃，他就需要注入一些金孩子的特质，作为持续的反馈，让他意识到他不是世界的中心，同时又不会让他感觉受到威胁。用固定的程序引导木孩子的精力，比如说让他参加一些对抗性运动，为他创造机会，与别人分享他的优势。

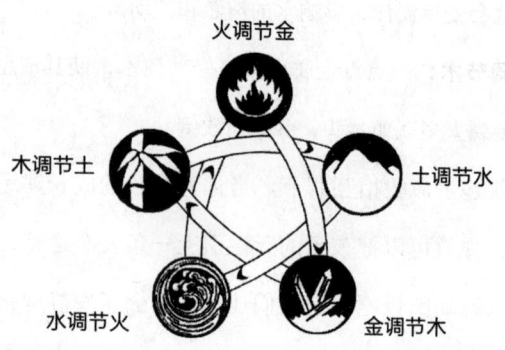

调节圈

如何既满足孩子的"小狗心"，又对它进行训练，在这二者之间如何权衡，考验着父母对孩子的爱的智慧。要有耐心，这个过程需要时间。如果你爱他，你就应该从孩子的角度看待这个问题，恰如其分地引入其他力，来有效开发孩子的天性。

◆ 扩展"大人心"：为多样性找个出口

当孩子感到不安全时，他会觉得情绪受到约束，他的

"小狗心"需要找个出口。满足和训练"小狗心",目的不是要压抑孩子的情绪。记住:情绪是无害的,它们只是孩子心理状态的表达。但孩子毕竟不同于小狗。一旦孩子读懂了你鼓励专注的非语言线索,我们就可以继续打开他们的"大人心",用言语让他们注意到不同的情感状态。你可以用标签来标明他们的不同情绪。当你注意到孩子大笑或是悲哀,沮丧或者焦虑时,做上记号,但不要评判,这样就有一个更高的视角来观察情绪变化。在孩子的情绪开始变化时,他自己也可以渐渐感知到,而不是突然走到极端。借此,孩子会渐渐体会到"大人心"的作用。

为了给孩子找到一条出路,我们要看看孩子属于被哪种力支配,这是你孩子未来生活的风向标。在一定程度上,它决定着孩子的命运,让他的性格变得深刻而有意义。

木的出口是**火**。

火的出口是**土**。

土的出口是**金**。

金的出口是**水**。

水的出口是**木**。

比如，我们知道，木头是要被火烧掉，给世界带来光和热的，类似地，木孩子具有强烈的冲动，他们可以通过参与表演这样带有火的特性的活动，来为多余的精力找到出口，从中他也可以学会如何以高雅的方式表达自我，获得肯定，而不用反应过度。通过练习扩展"大人心"，他也开始理解自己的使命，真正体会到作为一个英雄是什么感觉。

找到出口：扩展"大人心"

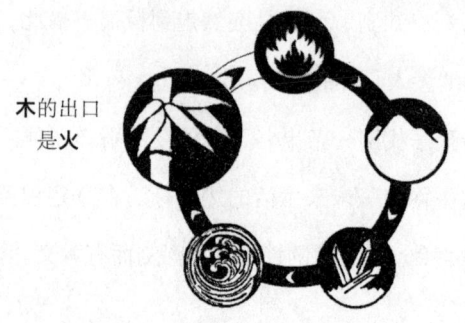

木的出口是火

◆ **掌控"大人心"：学会自我反思**

当孩子有了更加牢靠的安全感，也能够感知不同的情绪时，代表他现在已经做好准备，准备做自我意识的主人了。掌控"大人心"是一个循序渐进的过程，在这个过程中，孩子可以利用想象力，在更广阔的背景下观察自己。这个阶段很重要的一部分就是会有各种活动，让孩子进一步认识到他对别人的影响。为了理解这个更高的视野，你需要了解一点：当你的孩子处于失控状态下，他会破坏哪些具体的关系。

木破坏**土**。

火破坏**金**。

土破坏**水**。

金破坏**木**。

水破坏**火**。

举例来说，当火孩子过于兴奋时，他往往会扰乱课堂的秩序（金），而水孩子过于严肃认真时，他往往又会打断集体活动的乐趣（火）。要孩子从一个更大的视野理解自己对于他人的影响，就要让孩子意识到，他自己的情绪每天都处于变化之中。你可以创造机会，让孩子比较他昨天和今天的情绪有何不同，这样他就能想象他明天的情绪，开始把不同场合和同伴与自身的心情与举止联系起来考虑。这种自我反思会让孩子学会从他人角度考虑事情。通过一些策略，比如角色扮演、绘画、写作、有意识的冥思，可以让孩子学会把自己的情绪放在一定的情境里，学会更清晰、更具想象力地表达情绪，从而更好地让别人理解自己。

随着孩子沟通能力的进步，他会变得更有信心，也就更加不需要通过"小狗心"的冲动和多动症的过度反应来表达。孩子真正掌握自己的"大人心"，可以更大程度地发挥自己的才能，解决问题时，也更加游刃有余，富有创见。在接下来的章节里，你会看到对于这五类小儿多动症孩子，如何具体地运用这四个步骤。

五类型在治疗上的运用

多年以来我发现了一整套创新的方法，把五类型说对应运用到医疗实践中，帮助孩子改善注意力。这五类型都有变化的能力。当你了解了孩子的性格后，你就可以从五类型中挑选具体的项目，来满足、训练孩子的"小狗心"，扩展"大人心"，从而提高注意力。**记住一点：本书并不提供包治百病的方案**。举例来说，木类活动可能有助于满足火孩子的"小狗心"，或是调节土孩子的"小狗心"。虽然这些活动可能适合于所有孩子，但针对每个孩子的天性，必须有因人而异的处理。我们首先要培育起孩子的安全感（满足孩子的"小狗心"),然后我们才能考虑开发孩子的自我反思(让孩子掌控"大人心")。下表为家长们初步介绍了这五类型相互联系的一些例子,在为孩子制订有针对性的策略时,可以用来作参考。

掌握注意力的策略

木孩子	火孩子	土孩子	金孩子	水孩子
水满足他	木满足他	火满足他	土满足他	金满足他
金训练他	水训练他	木训练他	火训练他	土训练他
火扩展他	土扩展他	金扩展他	水扩展他	木扩展他
土掌控他	金掌控他	水掌控他	木掌控他	火掌控他

木活动

这类活动鼓励运动、探险、创新、探秘、超越、决断、勇气、达到目标的毅力和适应力。

- **体力锻炼:** 有助于动觉学习的形成。(尝试徒步旅行、武术或瑜伽。)
- **物理疗法:** 提高身体兴奋度和关节活动度。
- **视觉疗法:** 已经有研究表明,眼球运动出现问题,往往与小儿多动症有关(Granet et al. 2005)。借助于简单的练习,可以帮助孩子增强视觉的跟踪与聚焦能力。

- **"我发现了"游戏：** 用来帮某些孩子意识到物理空间的多样性。
- **花时间接触自然：** 一些研究表明，花时间亲近自然有助于注意力的恢复（Kuo and Taylor 2004），让孩子更好地参与到纷繁复杂的关系中去。
- **饮食：** 木代表着肌肉，木孩子的代谢系统需要不停地消耗能量，因此最好的食物就是高蛋白食物。
- **探险类游戏：** 任何有助于增强探险精神的活动（例如旅行、野营）都可以帮助孩子提升他们的动觉学习技能。
- **建造：** 一些孩子双手灵活，能够完成更多的任务。这能够培养孩子的空间意识。

火活动

尝试以下活动，用温暖、幽默、欢笑来放松孩子的精神。这些活动鼓励孩子通过游戏发展多样性，通过亲身经历学习规则，通过接触变动的世界培养表达能力。

- **扮演与演出：** 帮助孩子提高不同场景下的表达。

- **幽默与装傻游戏：** 帮助孩子放松，减轻压力。
- **演讲疗法：** 在金木水火土五相中，火是与言语交流联系在一起的。
- **生物反馈：** 火与我们的心脏相联系，研究表明，这种反馈机制使得心脏跳动和呼吸更加有节奏，有助于提高注意力（Lloyd, Brett, and Wesnes 2010）。
- **感觉统合：** 当"小狗心"主导注意力时，孩子的感官意识是狭隘而且被放大了的。感觉统合技术帮助孩子调节感官输入，从而扩展孩子感官的范围，对培养孩子平静的专注力十分关键。
- **相信直觉：** 要学着相信我们的感受，但不要过分夸大它们，这意味着孩子要有能力调控他们的情感状态，才有可能更有创见地解决问题。
- **"我发现了新东西"：** 找一间孩子熟悉的房间，你和孩子轮流进去，看看能发现里面有多少新东西，有什么新变化，哪怕只是微不足道的一个物品位置的变化。这个活动让我们对周围环境更加敏感和专注，让孩子学会从新的角度看待问题，并学会不脱离环境思考问题，从而与这个世界形成全新的关系。

- **旅行**：这有助于拓展孩子的眼界，在更高层面认识自己，认识社会。

土活动

这些活动可以帮助孩子整合对世界的了解，促进孩子与世界互联互通，维持联系，和谐共处。

- **吃饭（吃什么、在哪吃、何时吃、怎么吃）**：在信息处理的过程中，食物是其中最基本的环节。你可以与孩子在吃前（或是做饭过程中）做个游戏，轮流注意食物的口感、味道、颜色、气味。每次为其中一项打分。这个游戏可以让孩子注意力更加敏锐，还能刺激食欲。

- **"我饿了1—2—3"游戏**：在饭前，问孩子有多饿（1.很饿，3.一点都不饿）。在吃了约一半时，再次问孩子他还饿吗（1.还饿，2.半饱，3.饱了）。通过这个游戏，可以让孩子逐渐注意到自己的感觉，也有助于孩子调节自身的情绪。

- **烹饪**：让孩子通过烹饪意识到先后顺序和过程的重要性（食谱），让孩子认识到不同食物的形状、质感与气味。

- **五行之味：** 中医有一整套纷繁复杂的体系，为这五行专门指定各自的风味和食物（木—酸，火—苦，土—甜，金—辣，水—咸），我们在治疗过程中，可以根据具体情况予以使用，来拓展多样性体验，提高注意力（关于五行食物搭配，详见附录）。

- **合唱（和声）：** 土是与歌声相联系的，通过和声练习，提高孩子对不同表达的注意力，帮助孩子调节自身嗓音，学会将其融入和声之中，这样就为将来学会恰如其分地与人交流打下了基础。

- **在不同的关系中学习：** 当信息被置于特定场景之下时，会更有效地留存。正是在信息与信息之间的相互联系中，我们才能发掘出深层意义。

- **类比推理：** 学会使用隐喻，这是体现"大人心"执行力很重要的一部分。通过类比，孩子可以在似乎不相干的想法中，发现关联。掌握隐喻这项技能，已被证实有助于提升注意力、理解力、解决问题的能力（Weatherholt et al. 2006）。

- **社会技能课堂：** 强化人际关系，帮助培养信任和容忍的品质。

- **念诵：**用来加强注意力和减压。在很多传统文化中，念诵的做法一直存在，人们用它来做到身体与心灵的合二为一。通过周而复始的音调，可以聚合不同的节奏（金）和共鸣（土），降低过虑产生的压力，产生直觉体验（火）。（我在后面讨论单个天性时，会对此加以详叙。）

金活动

这些技术、游戏、工具，都是为了培养孩子的次序感、连贯性和节奏感。金的威力在于强调结构和次序，关注形式和细节。

- **时间游戏：**我经常说，钟表是由金性格的人发明的，为了让我们保持条理。让孩子预定完成一些简单的任务，例如刷牙。然后看看孩子是否能感受到五分钟的长度，逐渐地，他就会掌控更长的时间。这个游戏能提高孩子的组织能力，在诸如考试这样计时的场合下，会发挥作用。

- **安排每日事项：**安排孩子的日常事项，这样他就不会手忙脚乱、焦灼不安，而是不慌不忙、井井有条。以下面这张图为例，看看孩子一天的活动如何安排。你也可以依样做出自己的家庭事务表。

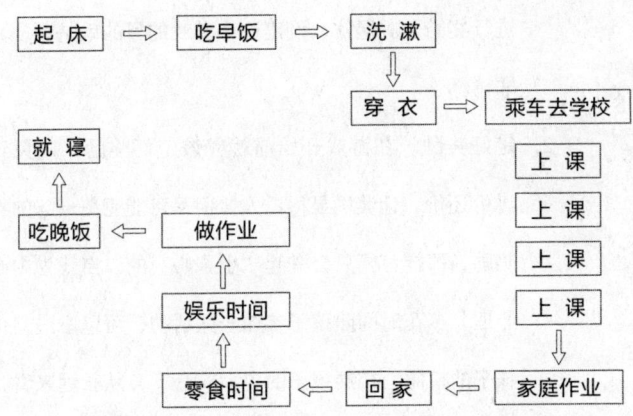

- **奖励表**：训练我们的"小狗心"，需要重复和奖励。建立一个积极正面的奖励表，在孩子控制注意力的时候给予重点奖励。这会有助于扩展孩子的"大人心"，提高情绪调节力。（在后面的章节中，对于这种正面奖励，我会加以详叙。）

- **家庭作业游戏**：没有什么比家庭作业更让孩子的"小狗心"烦扰了，如果没有动力，想要完成家庭作业几乎是不可能的事，而要让孩子有动力，就需要坚持不懈（金）和奖励（火）。

1. 从简单的开始。记住一点，没有人打游戏会从最难的开始，那会把孩子压垮的。可以激励他一次做一件事（比如说，如果他能估算出每门课的作业要花多久，就对他进行奖励）。记住，设定这个游戏的目的就是要赢，而非输。

2. 定好奖励。在游戏开始前就应该定好奖励，以免到时讨价还价。让奖励显得诱人，但尽可能避免一味的物质奖励，那样可能只会激起"小狗心"的以自我为中心的心理。多花时间陪孩子参加一些活动，可以增进父母与孩子的情感，扩展孩子的"大人心"，从长远来看，对孩子意义更大。

3. 设定奖励替代物。用贴纸、纽扣、扑克筹码，或其他东西来代替奖励，因为这些奖励只是手段，目的是让孩子向真正的奖励努力。他可以通过将这些筹码兑换的方式，来获得奖品。

4. 奖励。当孩子连续获得两个奖励筹码后，真正的奖励就会降临。如果孩子第一天获得奖励筹码，而第二天没有，那他第三天还得重新开始。通过将孩子的满足和喜悦延迟，来训练孩子如何调节内心的冲动。

5. 写一份协议，说明游戏是什么，孩子需要赢得多少筹码或贴纸，奖品会是什么，当双方签下这份协议，就是向孩子保证，双方均遵守同样的游戏规则。

6. 不要破坏规则，如果你要孩子信任你，就要始终如一。
7. 一旦孩子总是赢游戏，就可以准备进入游戏的更高级。你可能会想要增加游戏难度，比如要连续获得三个奖励替代物，才能获得最终奖励，或是另外加上一项技能。

- **找出形式和节奏：**视觉模式（建模、乐高积木、工艺品、陶瓷制品、首饰制作、图案书籍）和听觉模式（放音乐、敲鼓、跳舞）依次培养孩子对节奏的敏感，帮他们减压，调节注意力。
- **互动节拍器：**这是一种神经运动疗法。让我们的身体运动（木）合乎节奏（金），保持同步，从而提高身体意识和把握时机的能力。
- **芳香疗法：**气味感与金相关联。在浴缸、加湿器或者按摩中都可以加入不同的精油，以刺激记忆力，调节情绪，提高专注度和安静度（关于针对小儿多动症具体的五类型芳香疗法，可以参看附录）。
- **呼吸练习：**在中医里，肺是与金相联系的。在我们的生活中，一呼一吸是最根本的节奏，对呼吸进行关注,可以提升我们的专注度,变得安静,减少分心,这都是有研究证明了的。每天睡前可以练习"腹部呼吸"(见下文),当孩子失控时,也可用此法转移注意力,提高情绪调节能力。

基本的腹部呼吸练习:当我向孩子解释什么是腹部呼吸时,我把它说成是一种古老的武术练习,具有神秘的威力。刚开始练习时,最好找个安静的时间,比如临睡前。简单说来,基本的腹部呼吸就是:吸气,腹部膨胀,呼气。这样孩子在呼吸时,就把关注度从胸腔转移出去(降低了应激反应)。有时我会在孩子的肚脐上放一个小球,让他们注意肚子的变化。在气功练习中,肚脐周围被称作丹田,对于气的聚集与流动,这个区域可以说是举足轻重的(在本章稍后部分,我们将对气功做进一步讨论)。

1. 让你的孩子躺下,一只手放在肚子上,另一只手放在胸前。
2. 让他吸气(最好通过鼻子),让肚子像气球一样鼓起来。

3. 让他用嘴呼气，就像给气球放气那样，呼气的感觉对于释放压力十分重要。

4. 要有耐心。你的孩子对这还不习惯，刚开始可能会不太顺利。可以先完成一次或两次腹部呼吸，然后慢慢增加到每晚二十次腹部呼吸。

5. 腹部呼吸也可以在站着时练习。当你的孩子正在发脾气或是发完脾气之后，如果让孩子站着进行腹部呼吸，将会很有效果。（你可以和孩子的老师合作使用这个方法，只要老师在孩子身上运用得当，它将会极大地有利于课堂的进展。）

水活动

水活动用来提升"沉浸感"、奇思幻想和想象力，让人静心冥思，深层思索。

- **睡眠：** 在中医里，夜晚对应五行之水，负责滋养有休息和消化功能的副交感神经，用来平衡交感神经系统的战斗或是逃跑反应。确保孩子有充足的睡眠，这可能是提高他注意力的最重要的办法。梦境把白天的活动进行整合，从而提高了执行力，增添了新的视角。不同的孩子对于睡眠有不同的要求,我们在后面的章节中将会进行讨论。

- **鱼肝油和水:** 与我们的星球类似,我们身体的成分大约70%由水构成。身体内每个细胞都需要水,才能发挥最佳功效。充足的水分对于健康是必不可少的。欧米伽-3鱼肝油可以帮助在大脑新皮层和边缘结构间建立联系,提高对"小狗心"的调节能力。研究表明,在治疗小儿多动症的很多病例中,鱼肝油与兴奋类药物一样有效(虽然他们没有告诉你,针对哪一类孩子最为有效)(Sinn and Bryan 2007)[①]。
- **游泳:** 定期的游泳非常有助于放松身体、集中注意力。
- **洗澡:** 给孩子一些安静的时间,在温水中放松身体和心灵,以更好地应对白天和黑夜的转变。在洗浴时加入泻盐(硫酸镁),能放松我们的神经系统。
- **诗歌和日记:** 诗歌帮助我们把复杂的观念用简单的语言表达出来。定期写日记有助于培养我们的自省力。
- **记忆游戏:** 更强的记忆力让孩子可以接触到更广泛的信息,有助于扩展他的"大人心",从而更好地融入社会。

---

① 请在有资质的医生指导下正确用药。——译者注

- **气功疗法：** 在中医的理念里，水是与骨头相联系的。所谓的气功疗法，是指对身体进行微妙的操控，从而平衡由脑脊髓液产生的"气功节奏"。该方法对一些小儿多动症的患者有提高专注度的作用。

- **神秘：** 有很多很有趣的神秘游戏，可以用来帮助孩子提高注意力。

- **宗教：** 心存敬畏，心怀信仰，这样孩子才会获得正确的观点，形成一些美德，比如谦卑、包容、同情，以及合乎道德的行为。

- **肾上腺支持：** 肾上腺与水活动息息相关（事关其基本生存）。在治疗中，我让某些孩子使用了一些营养片，以补充其肾上腺素，这些营养片包括：适应原（红景天、五味子、南非醉茄、假马齿苋）、药草（冬虫夏草、西伯利亚人参）以及氨基酸（L-酪氨酸、L-茶氨酸、牛磺酸、5-羟基色氨酸）。我强烈建议你在购买这些营养片前，咨询相关有资质的草药医生或营养师。

- **顺势疗法：** 这是一百多年前形成的一套治疗方法，它用高稀释的药物，来治疗具体的症状。（参看附录：五类型顺势疗法。）

- **花精：**现代花精由20世纪30年代的爱德华·巴赫（Edward Bach）医生所创，他确实具有水的性情，是整体医学领域的一位先驱。他秉持一种激进的观点，认为凡是疾病，都是由于身体与心灵的不和谐导致的。他最初提出的三十八种治疗法如今已经被大大扩展了。花精提炼自花，通常储存在酒中。我建议您在使用花精之前，咨询专业人士。（参看附录：五类型花精疗法，获取更多信息。）

五类型的气功练习

气功练习包括身体的运动、呼吸的调整、感官意识的加强、专注度和顿悟的培养，每种类型都适用。我把气功这种古老的技艺加以改编，使之更加适用于孩子。我发现，对于提高孩子的注意力，气功十分有效。我告诉孩子们，这些气功练习会带给他们一种神秘的力量，在一定程度上，这种说法是完全成立的。正如大师肯·科恩在他的杰作《气功之道》（*The Way of Qigong*）里所说："气功意味着与生命的能量共舞，学会如何控制体内气的流动与分布，从而改善健康，做到身心合一。"（Cohen 1997，3）。我介绍气功练习,就是希望能够帮助孩子学会如何掌握他们独一无二的潜质,更好地融入这个世界。记住一点:关键是练习要由易到难,逐步提高练习的频率和难度。每天练习一点点,但要坚持下去。我在后面的章节里会对这五种类型的不同练习方法加以讨论。

针灸与中草药

在过去的十五年里,我目睹了针灸在帮助孩子提高注意力方面起到的神奇作用。在1998年,针对治疗注意力不集中的方法,美国国家卫生研究院公布了一项共识报告,其中认为针灸治疗具有很好的前景。针灸是古代中国的一种医疗手段,它是基于气在体内流动,就像水流一般这个假设而成立的。在这些水流的某些点,通过细细的银针予以激活,就可以恢复气的顺畅流动,从而恢复健康。

我把这种方法加以改进,以更好地适应每个孩子的性格差异。虽然对于针灸技术的讨论不在本书范畴,但有几点还是需要特意强调一下。

一般而言,一开始我就会根据孩子的性格,采用不同的身体语言,然后我会根据孩子的呼吸,创造出一种双方都很放松的氛围。在这个过程中，我使用了前面提到的四步法：

1. **满足"小狗心"：** 创造一个安全基地。
2. **训练"小狗心"：** 提供一条安全通道。
3. **扩展"大人心"：** 提供一个出口。
4. **掌控"大人心"：** 提高自省意识。

因为每个孩子情况各异，因此在进行治疗时，要循序渐进。孩子体内元气充足，很多针灸从业人员对孩子针灸时，扎针容易过多、过快。我发现通常只需要扎几个穴位。记住：孩子无法集中注意力是因为他们处于一种不安全的状态下，而且极为敏感，所以针灸要少而精！绝不能强迫孩子去接受任何治疗，那只会适得其反。

在很多情况下，开始时我会用音叉或激光疗法，让孩子适应这种针灸的体验。有的孩子极为敏感，这种体验已经如同针灸一般。有些孩子会比其他孩子更加愿意尝试针灸。例如，火孩子会更加喜欢新的感官体验，只要这种体验不是过分强烈或是刺激。木孩子也喜欢挑战，但不想觉得受到束缚。金孩子时刻提防任何人闯入他的领域，因此他们需要一段时间对你产生信任。土孩子可能会变得十分焦虑，但却不想让你失望，对他们务必要温柔，不可急躁。水孩子对于针灸的戒备心有时候是最强的，当他们觉得害怕时往往就会退避不前，对他们使用针灸治疗几乎不可能，然而随着时间的推移（需要相当长的时间），我发现水孩子往往会觉得针灸是他们经历过的最有价值的体验。

使用针灸治疗患有小儿多动症的孩子，还有另一种效果。针灸的过程，本身就能够训练孩子的注意力。我通常在刺激孩子身上某一点时，让孩子集中注意力于这一点上。当他们越来越能够意识到何时会分心时，他们就会培养让注意力回到关注点的能力，从而提高他们的专注度。

◆ **中草药**

我发现有很多很棒的中草药，对于培养孩子的注意力极为有益。在尝试任何中药配方之前，还请咨询有经验的中草药师。

找到你的心灵导师

孩子进入我们的生活，让我们对自己也有了新的认识。我总是告诫父母们，要珍惜这一无价之宝。孩子是名副其实的心灵导师，他们对我们的教育发自肺腑，不知疲倦，而且不收费。你还能找出哪个人，能够像孩子这样提醒我们自己是谁，提醒我们还需要做哪些努力？这一切你不需要参加什么精神退修会就会发现，它就在你眼前，在你身边。

虽然小儿多动症会给家庭带来压力，带来痛苦，它也给我们带来了一个重建家庭关系的契机，让我们共同找到爱的基石，传递力量，培养使命感。一旦你意识到孩子的类型之后，我希望你能够发挥能动性，找到最适合孩子的方法，让他脑海中吠叫的小狗安静下来，使之成为栋梁之材。本书的最后五章将会为这五种小儿多动症患者列出具体的治疗方法，同时也是献给那些已经能够适应这个美好世界的孩子们。你也许会通读它们，或者是专门去读与你的孩子类型最相关的章节。无论如何，我都希望这些章节中的经验会对你和孩子们有所启发。

第六章
木孩子
The Wood Child

比利（Billy）的故事

当我第一次见到比利和他的家人时，他还在上幼儿园，但已经无法适应学校的生活了。他的老师说比利在课堂上根本坐不住，觉得他需要什么东西才能安静下来。她不断地因为比利离开座位而批评他，最后她也没办法了，告诉比利的父母需送孩子去接受小儿多动症评估。

通常第一次我都会单独会见孩子的父母，这样可以毫无禁忌地讨论孩子的病情发展，而不用担心会伤到孩子的感情。记住，当一个孩子无法集中注意力时，他正处于极度的不安全状态之中。没有什么比被迫聆听别人谈论自己的问题，更让人恼火的了。具体到比利的案例而言，他父亲第一次咨询会谈没能来，他母亲解释说，孩子父亲大部分时间都不在家，她可以把我们的会谈解释给他听。随着她的诉说，可以看出她已经疲惫不堪，对孩子忧心忡忡。她告诉我，比利从小就是一个"精力充沛"的小男孩，甚至还在妈妈肚子里的时候，就极为活跃。他很早就会走路了，但说话较晚，这似乎对他没什么影响。她每天不得不仔细地盯着孩子，因为他会爬高，或是在公共场所突然跑掉。他似乎毫无危险防范意识。在比利四岁时，有一次他爬上了邻居家的屋顶，把他妈妈吓得心惊肉跳，费尽力气才没有让他跳下来。

在幼儿园的第一天，她就接到电话说，比利在午睡时间溜了出去。就像很多木孩子一样，比利对时间规划的理解就是绕着它跑，幼儿园的老师也学会了在教学活动之前，特意给他留出时间进行准备。也就是在准备时，比利被电脑游戏迷住了，一玩就是好几个小时。

在幼儿园，比利的行为变得越发具有攻击性。当其他孩子在排队时，他会推搡其他孩子。在游戏的间隙时，他也会与其他孩子产生摩擦。最终校长不得不打电话给家长，因为比利对老师大发脾气，还出语威胁老师。他开始参加一些课

The Wood Child | 木孩子

外社交技能指导训练。当我见到比利时,他因为反复出现的头痛,已经看过好几次医生了。他的医生没找出他身体上有什么问题,说头痛很可能是由于压力所致。

在我和比利的妈妈会面时,当我提到小孩脑子里不安分的"小狗心"时,他妈妈的眼睛立刻就亮了:"是的是的,我儿子就是这样的情况!"为了满足他的"小狗心",我们得先弄清楚这是哪一种类型的"小狗心",比利的妈妈很快就辨认出他是属于木孩子类型的。"就是他!我儿子绝对就是属于木孩子这一种,人人都认为我的比利将来会成为一名伟大的律师——如果他没有先进监狱的话!"她说。

见过比利后,毫无疑问他就是典型的木孩子。他眼睛深邃,眨得很快,四处打量着房间,把一切尽收眼底;身材方正,肌肉发达,身体的移动迅速而灵活。对我办公室的一切,他都要亲手摸摸,但他的举止透着一股紧迫感,流露出他内心的不安全。当他妈妈叫他不要乱碰东西时,他东嗅西嗅,一会儿跑进,一会儿跑出,还飞快地把抽屉打开再推上。在我看来很明显,当比利觉得自己在课堂上的行为受到限制或束缚时,他就会变得咄咄逼人,具有攻击性。

我们开始着手解决比利的问题。

木孩子的解决之道

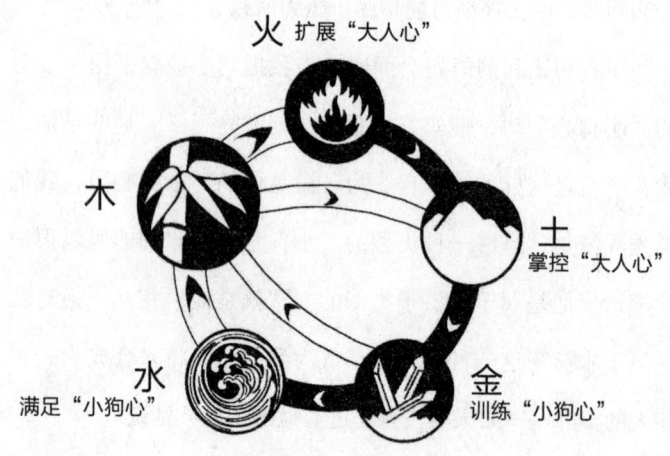

满足"小狗心":水的滋养魔力

意识到小儿多动症是孩子发出的求救讯号,我们在治疗的一开始,就要为比利创造一个安全的港湾。这意味着需要对他的生活环境进行考察,看看是否有益于他的气质。在患小儿多动症的孩子里,木孩子可能是受学校禁锢之苦最深的。对他们而言,学校的这套方法根本就不适合他们。理想情况下,比利应该跟着别人做学徒才会学得最好,手把手地传授才是被他接受的。建造、放牧、拆分,或任何牵涉物理作用的事情都适合他的学习风格。事实上，人类千百万年来一直都是这样学习的，但不幸的是，比利身处二十一世纪，他除了学着适应现代教室的种种限制以外，别无他法。

为了给比利创造一个更有安全感的港湾，我们需要用到水。水生木，这是什么意思呢？对于水在生命中的威力，人们有很多说法，但最根本的一条是：饮水要充足。当木孩子缺水时，他的性情就会变得尖刻且不稳定。我建议比利试着每天喝下五杯水。这种治疗方法可能看上去太平常了，但对于木孩子，它却有着深远而持久的效果。比利开始每天带着一个玻璃瓶去学校，以保证每天在校都能喝到足够的水。对比利而言，每天携带的这个玻璃瓶，是他的信心和安全感的来源。他开始意识到，他的身体状况与注意力是有关联的，他也开始学会，当他坐立不安时如何疏导。虽然一开始，老师会认为这个玻璃瓶会在课堂上让他分心，但随后老师发现，这么简单的一个玻璃瓶，却真地改善了比利的情绪，而且，比利关于头痛的抱怨也少多了。

鱼儿生活在水里，因此我们开始让比利每天吃鱼肝油（1000毫克DHA），持续三周。他的老师发现比利的注意力开始有了明显改善，他看上去不那么坐立不安，也很少扰乱班级秩序。我发现，总体而言，欧米伽-3脂肪酸是有益于提高注意力的营养物质，对木孩子尤其有效。

我建议比利开始定期游泳。他妈妈介绍说，比利小的时候曾经非常喜爱游泳，但后来因为时间原因，没有机会去游泳了。她回忆道，当他们去海边度假时，比利是多么的宁静和放松。通过游泳，比利爱运动的天性得以发挥，最终他投入到竞技游泳活动中去。游泳的习惯有助于培养他的注意力。我还建议比利每天睡前用泻盐洗澡，这能够让他放松，睡个好觉。这也是水活动的又一重要部分。当他休息好了之后，他就可以更加坦然地应对白天的挑战。

尿床

木孩子常常会出现尿床的问题，对比利来说，这让他感到羞愧。尿床的出现，表明孩子的"小狗心"凌驾于本能之上。我叫他的家长帮他训练控制括约肌，让他排尿，停止，然后再排。这是一个非常有用的训练，也帮他发现心灵与身体间的联系。

提防电脑游戏上瘾

对比利以及很多木孩子而言,最大的一个挑战就是如何减少对电脑游戏的依赖。把这一个问题解决好,会对孩子培养注意力产生巨大影响。处理任何上瘾症都是件极有挑战性的事情,我们必须要逐步推进,让他把注意力转移到与人接触的活动上来。

父母要做木孩子的水榜样

为了给比利创造一个安全的港湾,父母需要有效地纠正自己的行为,给孩子提供更强的安全感。比利的母亲是典型的土性格,非常具有同情心,在家庭中往往充当调停者的角色。她总是忧心忡忡,比利的行为问题让她焦头烂额,束手无策。而比利的父亲则相反,他非常具有水的性格,是一位安静而内敛的人。他是位大学教授,每周大部分时间都不在家。当我最终见到他时,他首先断然否定比利有什么问题。他告诉我,他是多么惊叹自己孩子的竞争天性,对此大加鼓励,部分是因为他自己缺少这方面的天性。他认为这样对比利的生存是有帮助的。在我们的讨论中,他不认为比利攻击性的行为是发出求救的讯号。

因此，转变比利父亲的认识，对稳定比利的病情至关重要。

水性格的人在面对压力时，往往沉默应对，而非呼救。木孩子则通过运动来获取信息，对他们而言，当"小狗心"压力过载时，身体语言的抒发要远远胜过语言。尽管如此，在非语言表达方面，比利和他父亲有共同之处，可以起到一定的作用。

孩子在成长的过程里，都需要榜样。比利的父亲借助自己的水性格，客观地观察到孩子挫败时的非语言征兆：肩膀紧绷，紧咬牙关，眼睛冒着怒火。他一般会冷静地走上前去，帮他平息下来。比如，让他换个环境——出去走走、开车兜风、做跳爆竹运动，从而避免进入失控的"吠叫不止"的恶性循环。这种安静的指导帮助比利保住了面子，建立了自信，使得他可以把自己的感受与反应相联系，在随后几年里，他们父子的关系也变得很好。

少才是爱

为了更有效地帮助比利，比利的父亲要学会一点：少才是爱。由于父亲过于内敛冷静,或是过于消极,这对于比利的活力是种限制,就好像人生的风帆,没有了风的鼓动。对比利的父亲而言,安安静静地坐着思考是极为自然的,但对比利而言,这无异于折磨。木孩子无法做到长时间一动不动地坐着思考。于是比利的父亲开始定期带孩子去树林散步。在这些外出的活动中,比利和父亲都会注意到大自然里有趣的东西,这是教导孩子控制注意力的良好时机。通过这样的亲子活动,他们互相了解彼此的性情,增强父子亲情,为下一步的治疗打下基础。

培养你自身的水性格

孩子是父母的老师,让父母更加看清自己。如果你碰巧不是水气质的人,你可以培养这方面的气质。任何能够培养安静思考的活动,比如冥思或是瑜伽,都能够让你更好地应对孩子。木孩子可以把任何一个家搞得天翻地覆,当你面对这一切,表现出冷静的身体语言时,就会为孩子创造出一种安宁的氛围,让孩子得以喘息,减少习惯性的"要么战,要么逃"的行为。要记住:这是一个循序渐进的过程,何时有成效,全在于你自己的坚持。

训练"小狗心"：金的威力

所谓训练，是指找出一条安全路径疏导行为，从而更好地集中注意力。在我画出的所有关系里面，金-木关系可能是最为活跃，也是最不稳定的。金修剪木，没有金的修剪，木就会像野草一样疯长。比利极为活泼好动，这说明他需要约束。他冲来冲去，应该学会放慢节奏，但这对于木孩子感到受到威胁的"小狗心"来说，可是件极有挑战性的事。比利需要有不断的一致的反馈，才能与外界保持联系。金的威力就在于通过一定的模式和节奏，创造出一致性来。重复和奖励都可以鼓励比利规范自己的行为，但记住一点：过犹不及。正如对树木过分修剪会把树木弄死一样，对木孩子过多的限制会让他们觉得受到了威胁。比利在课堂上面对种种规矩就是这样想的。

一致性最能体现金的威力，为了培养出韵律和节奏感，比利不得不了解时间的流逝。要做到这点，我建议他的父母陪孩子玩时间游戏（见第五章）。

通过观察比利的家庭生活，我们可以明显看出，他的日常生活缺乏连贯性。比利的父母需要学着给孩子连贯的信号。一旦我们在家里建立了新的节奏，比利就会觉得更加安全，因为他能预测到下一步将会做什么，别人对他有什么期待。

制订日常活动示意图

我让比利的父母制订出孩子每天的活动示意图，这样会减轻孩子的焦虑，为他的行为建立目标和方向。他的母亲要学会及时给孩子非语言反馈，而非用一大堆口头许诺来纵容孩子的行为。木孩子喜欢有目标的生活，持续不断的反馈强化了彼此的关系，让他们在原因和结果、行为与后果间建立联系。

家庭作业

木孩子天生就是狩猎者、探险家、开拓者，但谁也不喜欢在荒郊野外迷路。当比利上一年级时，他对于家庭作业就是这种感觉。我们向他推荐了"家庭作业"游戏（见第五章），通过给他成就感，来帮他降低挫折感。通过游戏，我们将家庭作业加以分解，使作业变得有趣，同时还减少了那种作业遥遥无期的窒息感。

金的韵律：呼吸

仅仅寄希望于孩子学会自我调节情绪，是不合理的。这种能力需要练习才能获得。比利学会了用腹部呼吸，每天夜里睡前和父亲一起练习。后来，当父母发现比利流露出沮丧情绪的苗头时，就让他做三次腹部呼吸。这可以帮比利走出负面情绪。练习次数越多，他就越能应对沮丧。

同时，比利开始学习跆拳道。这既需要金的结构，还需要水的安静。他很快就喜欢上了这门功夫，成了老师眼里的得意弟子。通过这种更有整合作用的方式，比利体会到了作为木孩子在运动方面的特殊才能，提高了自信心，同时也更加善于在集体环境中调节自己的注意力。

做木孩子的金楷模

比利的父母为孩子提供了一个始终如一而又充满爱心的家庭环境，这让孩子逐渐意识到，他并不是所有人关注的焦点。让孩子变得宽宏大量，这是很重要的一步。

作为家长，生活中要言行一致，这样才能赢得孩子更多的尊重。要进行大量的练习，才能让孩子自觉地听从，而不会感到胁迫。对木孩子而言，越早练习越好，即使有时做不到。

如果家长正好是金性格的，那么要当心了。记住一点：你们的目的不是要设各种条条框框来削弱孩子的安全感。这样他们会觉得像困在笼子里，变得更加不耐烦。金性格的父母往往会轻易下判断，而缺乏安全感的木孩子对于批评是极为敏感的。要注意你对孩子的影响，多设身处地地想想身为木孩子的感受，也就是说，动用你的"大人心"来思索。记住：爱他，就要掌握适度原则。

扩展"大人心"：火的威力

木生火，一定程度上，这就是木的使命，是它存在的意义：被用作燃料来燃烧，温暖我们，给我们光和热，就像春天的归宿就是夏天一样。因为缺乏足够的安全感，比利遗失了作为木孩子应有的一种崇高的使命感。因为无法看到全局，他也看不到自己的行为对他人的影响。随着比利对于自己木身份的确定，他开始觉得更有安全感了，此时我们需要让比利体验更多的情绪，释放他过多的精力。体验到更多有意义的经历后，他就可以对自己习惯性的"小狗心"反应有更多的认识。

到二年级时，比利开始讨厌学校，在教室里越来越坐不住。我建议他去当地一家表演公司参与表演，他们正需要为《彼得·潘》找一位小男演员。表演是一项很棒的火活动，它让比利得以表达自己，通过记忆台词，还可以训练比利的注意力。比利对表演很有天分，他喜欢聚光灯打在身上的感觉。更重要的是，他开始学着成为团体的一部分，为了演出的效果，虚心接受建议，不断调整自己台上的表演。

说出木孩子的心声

虽然比利的词汇量是符合他这个年龄段的，我还是建议他去接受私人语言治疗。木孩子往往会依赖于肢体语言的交流，而不是语言。火对应语言表达，能为比利的沮丧情绪提供一个更为有效的出口，而不是他父母经常听到的野蛮的咕哝声和吼叫声。语言具有这样的魔力，能够调节他狂躁的本能行为。语言治疗师用标签标明他不同的情绪状态，这样当他觉得不安全时，就有更多的情绪选择，同时他也更加善于与别人交换意见，被别人误解的次数也越来越少了。

愤怒1—2—3

当比利的父母开始标记他的情绪时,他们也对其强度进行标记(1级最弱,3级最强)。对木孩子来说,愤怒是一种常见的情绪宣泄。通过练习,比利学着如何将自己的愤怒级别从3降到2,再降到1。这比单纯叫他安静下来更有操作性。随着他越来越善于区分感受的不同级别,他也越来越能够调节自己的情绪波动。

随着鼓点的节拍起舞

比利似乎对打鼓很有兴趣,因此我们鼓励他跟着音乐录影带一起练习,而不是胡乱地敲打。他的父母提醒他注意不同的鼓点节奏与力度。通过体验这种细微的差别,比利超越了非黑即白的简单思维,扩展了他的"大人心"。后来,比利得以进入当地的鼓手圈,和这个圈子里的成年人和孩子建立起了联系,使他跳出封闭的自我,在更大的层面上找到了一种归属感。打鼓有一种古老的魔力,可以通过团结协作产生一种"内在的韵律",把人们联结起来。对比利而言,这是释放他精力的一个很好的出口。他会在做作业前打鼓,帮助他放松身体,提高注意力。

领导角色

木孩子渴望承当领导角色。这是他们的使命。我与比利的老师见过面后,她同意让比利在班上承担一个别人都不给做的特殊任务。虽然不是所有老师都愿意这样做,但对比利来说,这个任务很重要,可以帮他获得信任和尊重。这个任务为他带来了新的责任和益处,让他专注于使自己成为班级的一分子,而不仅仅是做一个很有个性的人。最终,这样一种联结感和归属感让他更加注意到别人的需要(这是慷慨宽厚的一个表现),比利变得越来越受欢迎。

掌控"大人心":土的威力

说到底,看到全局,就意味着要认识到自己对于别人的影响。在五类型作用图中,木侵入土,土代表着我们共有的大地,这是我们作为群体聚集的地方。比利母亲的性格属土,因此经常成为比利发泄怒火的目标。他总是把家里搞得一团糟,与姐姐打架,冲妈妈大嚷,四处疯跑。与我合作后,她开始看到自己是多么容易就被比利控制。她气质中具有的金的结构感,使她的家恢复了一些秩序和平静。但真正的挑战在于让比利意识到自己对家庭的影响。

对这个家庭而言,就餐时间往往压力很大。比利从不喜欢待在餐桌旁,他吃几口就跑开了。对木孩子而言,饮食是培养他安静的注意力的一个很重要的领域。快餐就是为木孩子这类气质的人设计的,他们仅仅把食物看作是燃料,但传统意义上,在就餐时间,人们应该相互见面,交换看法,达到减压的目的。

吃很重要

对比利来说,学着坐下来吃而不跑开是很难的。以前他的父母会让他坐在电视机前吃,防止他吵闹。但这只会让他更难专心在餐桌前吃饭。我鼓励比利参与到做饭的过程中,而不仅仅坐享其成。有一年夏天,在一次野营中,他开始帮母亲做饭。这似乎帮他打开了心结,让大家一起吃饭变得更有意义,也密切了母子联系;此外,他对于尝试不同的食物也产生了兴趣。这是一个很好的迹象,表明孩子开始对多样性有了更高的容忍度，变得更加大度。对食物更加敏感，也让他对不同的情绪状态也更加敏感。意识到每个家庭成员有不同的口味，也让他开始理解别人不一样的需求，而这也是训练"大人心"的一个表现。

饮食不可过度

要拓展比利的食谱，一个很大的挑战就是要让他摆脱掉像糖这样的高热量、易上瘾的食物，它们只是为了满足"小狗心"的本能需要。糖类食品就像导火线，它们会在瞬间爆发出巨大的能量。比利开始在早餐中吃更多的蛋白质食品，减少血糖的大幅波动以及由此引发的冲动行为。仅仅膳食上的改变，就足以帮他在课堂上变得专心。

顺便说一句，要注意，服用刺激类药物往往会遏制食欲。如果你的孩子因为小儿多动症正在服药，你可能会发现，随着他的血糖下降，他的情绪波动更大。这是服药常常会出现的副作用，也是为什么我们要坚持从饮食入手，让孩子多吃高蛋白、高品质食品的又一原因。

培养自省意识

要想真正掌控好"大人心",要有数年的训练才行。这意味着要为自己的行为负责,密切注意自己情绪的变化。培养回顾意识("和昨天相比,我今天表现如何?")和前瞻意识("相比今天,我明天会表现如何?"),对培养他的想象力,以及提高大脑皮层的功能而言,都是极为重要的。随着他越来越善于分享他的感受,他也开始能够意识到别人身上同样的感受。

冥思

冥思是一种古老的练习,它通过增强自我意识,帮助我们集中思想。人们经常问我怎么能教像比利这样极为活跃的木孩子冥思,我认为,只要予以适当的激励,在合适的环境下,这其实是很容易做到的。可以告诉比利,这是掌握他自己超能力的一种方法,这么说很管用。真正的窍门在于:冥思要在家练习。这意味着父母要予以足够的支持。

◆ **冥思练习步骤**

该练习可以站着、坐着，或躺下来完成。记住：木孩子好动，因此让他们学着静止，对他们是一个不小的挑战。刚开始练习时，站着似乎更容易些。

1. 首先，让孩子进行几次腹部呼吸：吸气时，肚子会膨胀（而非胸部）；呼气时，肚子会松弛下来。

2. 让孩子想象自己是一棵树，高大魁梧，直插云霄，随着他的吸气，他可以想象空气进入体内。（空气与肺相连，和金联系在一起，而金是用来调教木的。）

3. 随着他的呼气，让他想象他正在释放空气，带着感恩之心，把他所有的力量归还大地。让他知道，大地赐予他力量，让他长得又高又壮，因此树木要回馈大地，用它的根为土壤通气。

4. 随着他的吸气，让他默默地感谢赐予他力量的空气。随着他的呼气，让他感谢给予他支撑的大地，并返还他的能量。

◆ **气功练习：站如树**

此练习最好于早饭前在户外面朝东方进行，但也可以在做作业前练习。如果你与孩子一起练习，会让他们觉得不那么枯燥。

1. 让孩子双腿分开，与肩同宽，双脚平立于地面，然后想象自己是一棵大树，有着粗大的树干。
2. 直视前方，但不要盯着某一处；让目光平洒出去。
3. 手心相对，平放于肚脐处，手心距离如一个沙滩排球大小。
4. 随着他吸气入肚（参见第五章基本腹部呼吸练习），让球慢慢变大。想象他的身体内充满了空气，可以在风中飘浮；让他始终保持微笑。
5. 随着他的呼气，让他想象球慢慢变小，同时身体姿势稍微放松，感觉自己的重量一直延续到足底。他可以想象这是他的根，让他扎在大地上。
6. 刚开始时，做一到两次呼吸练习，数周后，可将数目增加到二十五次。在练习时，引导孩子把注意力放在身体的位置和呼吸的运动上。

◆ **念诵**

在冥思之后，可以接着进行念诵练习。所谓念诵，就是反复重复一个词或一小节音符。我经常重复的是"好的，好的，好的，好的……" 随着孩子放松下来，他们的注意力更加灵活，此时，可以让他们注意诵读的词的声音是如何变化的。

扩展同情心

"大人心"真正的威力在于能够从别人的角度看待事情。随着比利在自我身份认知方面越来越稳定,他开始注意到母亲会伤心,然后很自然地安下心来。在与比利的接触中,我告诉他木如何破坏土。这让他有了更好的反思意识。当他觉得他需要来见见我,以便——用他自己的话说——"调试一下自己"时,他会告诉他母亲。我们会先针灸,然后是一小段冥思,来练习在想象中感觉别人的情绪。

讲故事也是一个很好的方法,可以帮助我们培养同情心。我们画了一些漫画书,讲述一个总是被人欺负的土类型的小孩的故事,想象这个小孩可能有的各种不同的感受。跳出简单的非黑即白、好坏对立的逻辑,比利通过这个人物得以探索不同的情绪。

交换身份练习

我们还与比利开始做一些角色扮演游戏。我建议他和他父亲玩一个游戏,在这个游戏里,他们互换身份一个小时,比利是爸爸,而他父亲当儿子。通过这个游戏,比利可以学习从别人的角度看待事情。

培养土的品质

最终,比利会发现,他需要融入一个团体之中。这就是爱的需要,它让我们觉得完整,让我们不再害怕。当比利在外度过一个夏天之后,他才开始领会到家庭的特殊意义,这表明他正在吸收和内化土的品质。就这样,他从拥抱个人主义到回归社区。

接纳多样性:成为一个真正的英雄

以下一些活动可供家长、老师、医生使用,用来帮助发展木孩子的优势:

- 相比独自完成,和别人一起做完成得更好,这样的事例,请想出三件来。
- 解释"合作"、"英雄"和"牺牲"的含义。
- 有些事情和家人一起做要好过自己一个人做,请描述几件。

- 与班上其他人一起解决一个问题。
- 请定义"社区",尽可能地列举出你身边的社区成员。
- 详细描述朋友的特点(他们是什么性格的?)。
- 想一些需要与朋友一起合作才能玩的游戏。
- 教一个需要家庭成员团队配合才能玩的游戏。
- 解释"人道主义"的含义。
- 阅读一部(或更多)有名的人道主义者的传记。

教育木孩子

在任何孩子的成长过程里,老师都扮演着重要的角色。然而如今,老师在课程的压力之下,往往没有时间来照顾到学生个体的需要。如果能够把金的一贯性和水的宁静性完美地融合起来,他们将会给孩子施以最佳压力,让类似比利这样的木孩子在没有受到威胁的前提下,迎接挑战。木类型的老师对与他类似气质的孩子可能会更有同情心,但当孩子质疑他们的权威时,可能会引发冲突。火类型的老师对于木孩子来说,是很好的灵感来源,可以不断地用兴奋和新奇来吸引他们的注意力。土类型的老师主要关注集体活动。木孩子会想主导集体，因此需要来自金类型老师的持续性的支撑。

无论老师是什么性格，重要的是要记住：当木孩子极度活跃时，表明他觉得受到了威胁。因此在训练他调节行为的同时，为他创造良好的氛围以鼓励他的好奇心，对他将来学业上的成功，有着深远的影响。当木孩子在课堂上专注起来，他会成为班级真正的领导者，他追求卓越的热情，能够凝聚起整个团队。

比利变得专心

当我第一次见到比利时，他极为好动，满是敌意。他和他的父母都努力想把他身上存在的问题转变成优势。他现在五年级了，已经能够在课堂上专心听讲，也不会觉得老师的要求是一种威胁。他有了一些固定的好朋友，诸如合作、信任这样的品质也得以加强，以自我为中心的行为也越来越少。虽然每年秋季开学，对他来说仍像是折磨，但他也习惯了通过良好的表现收获奖励。随着他一天天长大，他的情绪也很少出现大起大落。最近他加入了童子军，他的活力和创造力在其中得以发挥，也使他成为年轻孩子的榜样，尤其是在周末的露营中更是如此。他母亲对我说,现在她很期待儿子露营回来,因为他现在对家很迷恋。随着他自尊心的增强,他对家的敌意也已经消退,每次他回家,他都更加依恋。比利作为一名游泳健将,也获得了成功。一度与他疏远的父亲,现在尽量不错过儿子的游泳比赛。

虽然人们往往认为,木孩子一般都是男孩子,但也不尽然,下面这个故事,讲的就是一位患有多动症的木性格的女孩,她如何通过针灸,逐渐摆脱了对药物的依赖。

瑞秋(Rachel):一位患有多动症的木女孩

瑞秋第一次接受我的评估时,才十五岁。她很不满意到我这来,问她的问题,也一律以简短的咕哝作答。她说她恨她父母,没有医生帮得了她。多年以来,她一直都在服用治疗小儿多动症的药物,但每种药物疗效都只有几个月。当我见到她时,她正接受兴奋剂和抗焦虑药的混合治疗。她在几个月前就因为攻击性的行为被学校开除了。她抱怨身边的每个人,没有什么好朋友。但她有个男朋友,比她大几岁,是位瘾君子。精神科医生建议她到我这来进行针灸治疗。

在我们的第二次会面中,我和瑞秋一起探讨了她的木气质。这是第一次有人把她的问题归结于她被夸大了的天性。通过审视自己的关系，她辨认出父母的气质：父亲是火气质的，而母亲则是兼有金和土气质的，他们经常会打架，也常常因为瑞秋而争吵。她父亲经常会毫无征兆地对她发脾气，而她母亲总是对她评头论足，限制她的活动。当我们把这些都搞清楚后，瑞秋对自己的生活有了新的看法。这让我觉得，我们之间可能会建立起一种良好的治疗关系。

我建议她进行一些针灸治疗，以缓解紧张的情绪。我发现，比起抽象的说教，木孩子往往更需要具体的身体调理，才会有实实在在的效果，然后我们才能对他们的行为模式进行深入分析。我向瑞秋解释，根据五行相生相克的关系，我们会在她身上选择相应的穴位。她对针灸产生了强烈的兴趣，想要知道每个穴位的用途何在。通过对穴位的关注，对于这种实实在在帮助她的方法，她有了更多了解，也更有信心了。她开始服用DHA欧米伽-3脂肪酸和中草药来强肾（水）和调肝（木），还吃一些保健品应对肾上腺压力，这些保健品包括牛磺酸片、5-羟基色胺酸片（一种缓解焦虑的氨基酸补充剂）、镁片、维生素B6、L-茶氨酸，以及尼克酸。

在针灸的过程中，我教瑞秋如何在呼吸时，集中精神到每一个穴位，并鼓励她每晚睡觉前加以练习。慢慢地她开始一点点地关注起自身的情绪变化,当她情绪失控时,也会用呼吸法进行调节。在她父母吵架时,这个方法尤其有效。通过在她的情绪感受和行为反应间建立联系,她渐渐学会体会别人的情绪,而非只是做出反应,她也开始更多地谈起她身边的人。因为她能细致地描述自己的情绪,所以这也使她能够更好地调节情绪。

随着时间一天天过去,除了还要吃一些帮助她待在学校的阿德拉药物,瑞秋开始逐步摆脱对药物的依赖。她的胃口开始恢复,睡眠也有了改善,为她稳定注意力创造了有利条件。但最重要的可能是,在随后几年的治疗中,一种互信的医患关系,为她提供了一个抒发自我感受而非对抗的空间。她现在已经成为一位很棒的音乐人,也完成了大三的学业。这些年下来,她与父母的关系也得以缓和。瑞秋现在能够以一种新的眼光看待他们,也能够理解她父母为她感到自豪的情感。

培养对木孩子的热爱

一旦木孩子的心智得以发挥,他将会是一个完美的英雄人物:他能耐心迎接各种挑战,愿意为了他人牺牲自己。当

The Wood Child | 木孩子

你为木孩子铺设人生的道路时,请把这些铭记在心。注意你为孩子设定的期望值有多高,记住你的孩子的自尊心有多敏感,注意你说话的语气是责难的还是鼓励的?记住,当你的话过于尖锐、过多批评时,它们就会像刀子一样扎在孩子心里。请站在孩子角度想一想他的感受,对于你制订的规矩,你是否能做到?对于你做的承诺,你有没有予以兑现?你有没有制订过于僵化或是自私的规定?你有没有纵容他,只是因为这样让你更加轻松?为了打开他的"大人心",你也要胸怀全局。如果说的这些成为你的日常工作,你就是孩子的那一剂良药。

在应对木孩子旺盛的精力——无论是在家还是在校——时,请记住这些品质。孩子来到这个世界是要教我们一些东西,让我们对自己有新的认识。木孩子的可贵之处在于,他能持续地将事情向前推进。木生火,能让欢乐之火烧得更旺;木能为水提供出口,融入世界;木能够给土以方向;木让金有了塑造的对象。对木孩子的爱就是对这个星球上所有生命的爱。

方法小结

- **满足"小狗心"**：用水来滋养。服用鱼肝油，补充水，勤洗澡，以及其他与水相关的活动（比如游泳），多睡眠。培养时间感和神秘感。尝试颅骶疗法和针灸。

- **训练"小狗心"**：使用金的力量来调节、加固结构，探索模式，保持前后一致。注意呼吸的节奏，练习武术，规划每日工作。

- **扩展"大人心"**：用火充当宣泄口。鼓励孩子表演，培养领导能力。考虑使用语言疗法、舞蹈，以及体操。

- **掌控"大人心"**：认识到木如何入侵土，练习一起吃饭，做游戏，一起念诵、唱歌。通过呼吸练习和一些活动，让孩子接受多样性，成为一个名副其实的英雄。

第七章
火孩子
The Fire Child

莉齐（Lizzie）的故事

莉齐真是让人印象深刻！当她走进房间时，我看到她的双眼灵动，脸颊红润，脸上带着明朗的笑容。她的活力使整个房间活跃了起来。凡是见过她的人无不喜欢她。当莉齐读二年级时，她的父母联系我，因为她在课堂上无法集中注意力。老师说，莉齐要对功课认真些，否则她将无法升入下一年级。班上的任何一点风吹草动，莉齐都会为之分心。即使是衬衣上的标签，似乎也会干扰她的注意力。她开始抱怨班上太吵了，但每当班级的气氛显得更为严肃认真时，她的抱怨就更多了。她妈妈意识到，就莉齐的年龄段，她还依然是不成熟的。比起班上其他孩子，她克制冲动的能力要差一些。到学期中期时，她甚至开始像婴儿那样说起话来。

当我联系莉齐的老师时，她告诉我，莉齐在班上很受欢迎，并且，她给班级增添了活力。但她抱怨道，莉齐有点变成了班级里小丑般的人物，有时候举止很可笑，但她自己浑然不觉。很明显，老师是喜爱莉齐的，但她也担心，随着她进入三年级，课程越来越难，莉齐会学得很痛苦。

当我第一次与莉齐的父母交谈时，我很快就看出，莉齐是个火孩子。如果你家里有一个火孩子，你永远也不会觉得枯燥。我发现，人们很容易在一堆人里面把火孩子找出来。他们与生俱来活力充沛，精力旺盛。莉齐具有天生的幽默感，有很强的直觉能力。对于将会发生的事情，她能够感觉得到，这让她有时很焦虑。莉齐容易被刺激所吸引，但也容易被刺激所压垮，她被困于这两个极端之间，进退维谷。有迹象表明，她的"小狗心"在统治着她的注意力。莉齐告诉我说，学校很无聊，但事实上，据她妈妈说，莉齐也曾抱怨说，一切都很无聊。而这就是缺乏安全感的一个典型表现。在我们的第一次会面中，我和莉齐的父母一起想出了一个办法，来提升她的注意力。

火孩子的解决之道

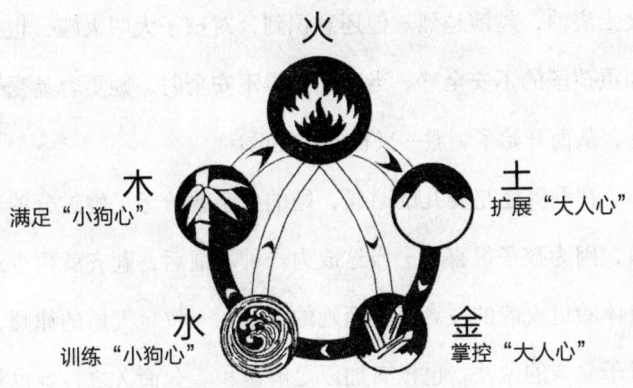

满足"小狗心":木的威力

就本性而言,木是火的燃料。换句话说,对莉齐而言,如果有人能够鼓励她,将会让她更有安全感。幸运的是,莉齐的父亲就是具有这样木气质的人。然而他还要学习如何合理地使用他的威力。满足"小狗心"意味着为孩子建造一个安全港,而不是简单地纵容孩子。火孩子喜欢刺激,有时会到失控的地步,这时候父母就要意识到,如果真的爱孩子,就要记住"过犹不及"。如果来自木的推力过大,只会让火越燃越烈，趋于失控。莉齐的父亲开始意识到，他对于成功的渴求，让女儿越发觉得没有安全感，从而在她的火气质上火上浇油，越演越烈。他还意识到，对孩子大叫大嚷，也会加重孩子的不安全感。当莉齐觉得不安全时，她更容易受干扰，从而开始了刺激—兴奋的恶性循环。

在莉齐还是婴儿的时候，她的父亲就给予了她过分的刺激，因为孩子很喜欢。当这成为一种习惯后，莉齐就再也没有体验过安静的注意了。而她的母亲，一位金气质的律师，对于父亲的做法，也没有加以足够调和。久而久之，她也对莉齐形成了固定的看法。莉齐参加了太多的课外活动，完全没有时间休息。她的父母抱怨说，他们发现莉齐有时半夜还坐在电脑前。

在对莉齐的安全感进行重新定义时，我们所做的第一件事就是，减少她的娱乐活动，少些对她的要求。少才是爱，但不是说把所有的都统统砍掉，那对一个火孩子而言太残忍了。我们要给予她温柔而持久的鼓励，为她设定清晰可达的目标，而不是让她即时满足，这对于为火孩子培养出适量的木气质而言，至关重要。这些设定的界限，能够真正地降低莉齐的焦虑感，提高她的注意力。

提高莉齐的安全感，意味着去她熟悉的地方见她。因为她喜欢新奇，我们就预先确定见面的日子。这让她对未来有了期待，提前安排也减少了她的焦虑。这也给了她充分的准备时间，当她面对突然的变化时，也就不会手足无措。

多加练习也能够有效提高莉齐的注意力。记住一点：木气质的人喜欢运动。每天放学后，让她散散步，就可以让她安下心来做作业。我还建议莉齐做作业时，隔一段时间就起来活动一下，避免做作业"太过枯燥"。莉齐和她妈妈也开始练习瑜伽，她发现瑜伽能够有效减轻她累积一天的压力。

有意思的是，我发现，这五类小儿多动症的孩子一旦升入中学换个班级时，有时会有所改善。环境的变化改变了他们的视野，让他们变得更加踏实。

饮食调节

莉齐的情绪变化很大，这往往与低血糖有关。火孩子的新陈代谢很快，一旦饿了，很快就会崩溃，脑子里除了食物，什么也注意不到。莉齐一般会变得喜怒无常，或是荒唐可笑，或直接就睡着。通过我们的介绍，莉齐的父母开始意识到，这些都是低血糖的危险讯号。我们开始减少她的糖类摄入，增加蛋白质的摄入，同时把一日三餐改为一日五餐，最终让她的情绪变得稳定。

火孩子往往会从食物中寻找慰藉，奖励自己，因此要记住，只是在家里控制孩子的糖类摄入是远远不够的，这只会让你的孩子更想吃这些东西。虽然莉齐的父母都是素食主义者，但他们都意识到，肉类制品对于稳定他们女儿的情绪，提高她的安全感极为有效。

训练"小狗心"：水的威力

莉齐脸颊发红，经常出汗，对噪音和织物均极为敏感，这都表明她处于一种极不安全的状态之下。她的生命之火烧得太旺了，需要稍稍冷却。训练"小狗心"，意味着通过重复与奖赏的办法，为她的天性提供一条安全的宣泄之道。水为火降温，第一步，我们确保莉齐每天饮水充足，她经常会因为过分专注于手头的事情而忘了喝水。喝下足够多的水（而非甜饮料），可以降低体内的热量，减少对织物的敏感。同时，减少糖类食品摄入，代之以一些咸味食品（中医认为，水的味道也是咸的），能够有效地调节莉齐的紧张心情。我们还在她的饮食里加入了欧米伽-3鱼肝油（每天500毫克）。记住一点：机器运转得太热，就需要加入润滑油，还需要给散热器加水。

水力按摩和睡眠

莉齐喜欢感官刺激，这意味着她很难静下心来准备睡觉。她怕黑，也不知道如何入睡。通常情况下，她会一直玩到累了才睡着。水对应着深夜，对火孩子而言，那时才意味着白天的结束，玩耍的终结。面对这个挑战，我建议她的父母每天睡前给她进行泻盐浴，以及深层按摩。这可以让她放松，也能增强与父母的亲近感。她的父母还为她买了泳池里的造波机，在她的卧室安上了小夜灯，营造安全感，促进睡眠。睡眠足了，才能恢复她的副交感-交感神经系统的平衡，从而更轻松地应对第二天的挑战。

做火孩子的水榜样

一定意义上，水的特质就是安静、严肃。水深且静，一动不动，这可能就是火孩子面对的最大的挑战。当莉齐变得兴奋时，她的父母尤其要冷静，以此来中和火孩子的能量。记住一点："小狗心"最先看见的是你的肢体语言，而非听见你说的话。莉齐的父亲发现，当他越是安静时，他的女儿就越能静下心来。他们养成了每天一起阅读的习惯。莉齐爱上了读《哈利·波特》，与电视或是电脑游戏不同，阅读的速度更慢，也更为自然，特别有助于培养注意力。

把莉齐卧室里的电脑移走，也是帮助她更好地睡眠很重要的一步，虽然一开始莉齐觉得这就像是对她的折磨。莉齐告诉我，有的时候她还是觉得房间里有一台电脑在那儿放着。

少才是爱

虽然水是可以调节火的，但请当心，水太大会把火扑灭。同样地，表现得过于"水化"（过于超然或过于冷淡），会让你的火孩子觉得更加没有安全感。如果孩子一直都很严肃，你还要求他"严肃起来，认真起来"，这就非常可怕了。如果父母拥有水样的性格，那么在孩子面前，请谨慎使用你的威力。有时候，你只需要坐在他身边，静静地看着他做作业就可以了。

训练"小狗心"意味着为孩子提供正面奖励。不要忘了表扬你孩子的性格，也不要单独针对个人发表评论。孩子可能会把你的水性情看作对他太过严苛。记住，火孩子的感觉能力是很强的。父母过分的沉默会削弱孩子的安全感。注意你给孩子建议时的语气：是冷淡的还是激励的？留心孩子情绪发作的蛛丝马迹，及时做好应对。让火孩子习惯于独处需要时间，也需要练习。要有耐心，要给予孩子足够的支持。最终，当你能够调节自己的情绪时，你也给了孩子榜样的力量，帮助他集中注意力，在课堂上专心听讲。

创造易于专注的环境

莉齐的父母对孩子的生活环境进行了微调，以让她变得安静。他们把孩子卧室的天花板漆成了蓝色，上面画着一轮明月，还有很多的小星星。莉齐很喜欢这样的图画，让她每晚睡前都觉得很舒服。

攻克家庭作业难关

与莉齐一起做家庭作业是一项巨大的挑战，她从学校回到家里，已经筋疲力尽，此时要给她吃点含蛋白质的小食，给她一点时间放松，才能让她重新投入到作业中去。她的父母发现，让孩子交替做不同的作业，效果更佳。因为莉齐被诊断为小儿多动症，根据《美国残疾人法案》第504款，她享有一定的特殊待遇，在学校的第一年，可以减免一部分作业。从长远来看，少做作业，可以让火孩子有更多的时间来恢复精力，从而在第二天更加专注。

扩展"大人心"：土的威力

正如水果会在夏末成熟，火孕育着土。土代表了关系、环境和联系。今天学的东西，莉齐第二天就会忘记。我们发现，如果她弄清事情之间的关系的话，记忆会大大改善。比如，当她学地理时，如果把这些地方的信息与她认识的人物联系起来的话，她会记得更牢。每天她都把所学的东西写在一张大纸上，然后用横线连起来，这样她就更容易把握知识点之间的关系。这是土类型的行为，借助上下文来学习。

莉齐似乎只能通过感觉来学习。当信息过多涌来时，她会变得不知所措。我们开始教莉齐如何发现信息之间的联系。类推练习很有帮助。一年级和二年级的孩子能够理解简单的类比（例如，鱼之于水，犹如鸟之于……）。随着孩子越长越大，他会慢慢理解更复杂的关系。对于莉齐而言，理解事物之间的关系拓展了她的眼界，使她不再局限于"要么全，要么无"的极端思维中。

学习卡片

莉齐还发现了使用学习卡片的威力。很多孩子都用学习卡片来学习，但我发现，火孩子使用这一方法辅助学习，效果最佳。莉齐觉得做学习卡片是件很枯燥的事，于是她的妈妈就用不同颜色、形状和标签的卡片，增加乐趣。对于莉齐来说，这是一种组织知识的非常好的方式。她会把卡片拿出来，理解知识联系的不同方式。她父母也会用这套卡片对莉齐进行小测验，了解莉齐已经掌握了哪些，还没有掌握哪些，而不用被铺天盖地的信息弄得手足无措。这种学习方法，可以有效扩展她的视野，训练她的"大人心"。

言语疗法

由于易冲动，莉齐很难把自己的想法及时地说出来，这让她觉得很沮丧。一位好的言语治疗师会为她提供一对一的练习，让她学会用语言表达，而非简单的应激反应。每当莉齐情绪激动时,她的父母也开始用标签标示女儿的情绪,就像为颜色分类一样。渐渐地,莉齐学会了如何描述她的感受。这些语言能力表明,"大人心"能够安抚、控制"小狗心"的躁动。

烹饪

让莉齐去烹饪,能够让她发现自己多样的感受。烹饪好像魔法,把一样东西变成了另外一样东西。在烹饪过程中,探索不同食材的质感、风味和气味,让她能够专注于一些更加微妙的体验。莉齐开始看电视上的烹饪节目,并因为自己为晚餐独创的菜品而自豪。这项活动还有一个额外的好处,就是帮别人做好了饭。莉齐依然爱烹饪,事实上,她最近告诉我,她将来想当一名大厨。

"摇啊摇,摇动你的船"

莉齐有着很棒的嗓音,我鼓励她与别人一起唱,体会分享的力量。在与别人合唱的过程中,既弱化了自我中心的意识,也让莉齐学会了如何调整自己的呼吸和声音大小。你也可以和你的火孩子围成圈，练习唱歌，比如唱"摇啊摇，摇动你的船"。这个练习可以让孩子注意到在其他人的声音里，自己扮演什么角色。随着练习越来越多，你的孩子会发现自己越来越容易在歌唱里集中注意力。

成为导师

火的命运是成为土。要扩展"大人心"，意味着理解自己的命运。对莉齐而言，这意味着要学会一点：世界并不是围着她转的。当莉齐三年级的老师给她一个机会，让她去教幼儿园小朋友时，莉齐欣喜若狂。和小孩子待在一起，让她从一个新的角度看见了自己的不成熟。刚一开始她被小孩子的嘻嘻哈哈所吸引，但逐渐地，她认识到作为小孩子的老师所承担的责任，并开始认真对待起来。事实上，当莉齐长大后，她甚至可以以辅导老师为职业。这对提高她的自尊心很有帮助，也培养了她做事有条不紊的习惯。这段经历有助于莉齐发现自己领导的潜质。当她进入高中后，她已经成了学生会的负责人，这为她将来真正意义上掌控自己火的威力，打下了基础。

掌控"大人心":金的威力

刚开始时,莉齐经常扰乱课堂,当然这都不是故意的。当她情绪反应强烈,不吐不快时(火能融化金),所谓的规章制度(金的构架)对她来说,似乎就无所谓了。事实上,她扰乱课堂,也是她打断课堂的单调,重新体验新鲜事物的另一种方式而已。但不幸的是,这样给学校带来了混乱和冲突。如今学校都要求学生根据课程安排学习,不能违规,这样,火孩子就会因为过分调皮惹上麻烦。莉齐如果真的想要掌控自己的"大人心",就得意识到,自己的行为会给周围带来什么影响;这就意味着,要了解火是如何融化金的。

每天的日程安排

莉齐每天的日程安排从她起床开始,到她晚上上床为止。这会让她的各项活动井然有序,有条不紊,而不会弄得乱七八糟,手足无措。在学校,老师也采用了这样的方法,把莉齐第二天要做的事情完整地列出来,这样莉齐就会分得清局部和整体,不会慌张。刚一开始,莉齐还需要很多的指导,告诉她如何使用这些日程安排表,但最终,她完全熟练地掌握了它们。

◆ 冥思练习步骤

在火里形成金，呼吸是最简单的一种方法。一旦莉齐掌握了一些简单的呼吸练习，并把它运用到实践中去的时候，她就能直接体验到体内情绪的起伏，通过呼吸的韵律，找到安宁、放松和享受，并开始逐渐经历不同的情绪状态，而不仅仅只是单纯的兴奋。要真正掌控火，需要大量的练习，以下这张冥思表，是我用在一些火孩子身上的。这些冥思者可以坐着或躺着，在灯光昏暗的屋里完成（最好只点一根蜡烛）。

1. 首先，做一些腹部呼吸。吸气，腹部隆起（不是胸），呼气，腹部放松。
2. 叫孩子想象自己就是黑屋里的一根蜡烛，当他腹部吸气时，想象房间的空气点燃了他的烛火。
3. 随着他的呼气，想象自己在发出光，照亮整个房间。想象自己是一支稳定持久的蜡烛，不受吸气呼气的影响。注意呼吸时要缓慢。
4. 随着他吸气，让他默默地感谢支持他烛光的空气，随着他呼气，让他感谢房间使他的烛光不被吹灭。

◆ **气功练习：站如太阳**

这项练习最好于午间饭前练习，练习时面向南方。当然也可以在其他任何时间练习，也可以在早晨孩子上学之前和他一起练习。

1. 让孩子双腿分开站立，与肩同宽，双脚平立于地面，让他想象自己就是太阳。
2. 目光平视前方，不要特意聚焦于任何东西。
3. 首先，双手下垂，随着吸气（可以参看第五章腹部呼吸的基本练习），让他缓缓地把胳膊抬起并向外展开，就像太阳光一样。把胳膊举过头顶，双手紧扣，向上翻转，手心朝上。
4. 深呼吸，抬头看着紧握双手的手背，仿佛正在托着太阳一般。接着屏住呼吸，尽力微笑。
5. 慢慢地吐气，把手臂慢慢地放下。
6. 刚开始只要完成一两次呼吸即可，数周后，逐步增加到二十五次呼吸。当你们一起练习时，让你的孩子专注于自己的姿势与呼吸。

心率平稳与针灸

莉齐需要把来自金的力量内化,从而创造出秩序。我用办公室的电磁波设备教莉齐如何调节自己的心律(火)与呼吸(金)。这台电磁波装置的设计就是为了促进心肺节律的一致。实验表明,它对于提高注意力,降低过度应激反应,均有疗效。后来莉齐的父母买了一台便携式电磁波设备,供女儿在睡前使用。

就我的实践经验来看,使用电磁波设备,辅之以针灸治疗,对于火孩子很有效果。孩子在专注于特定的针灸穴位时,能够体验到平静的感觉。莉齐喜欢针灸,部分原因是她很喜欢这种感官感受。只需对她的几个针灸穴位进行刺激,就会让她进入平静而集中精神的状态。针灸让她逐渐意识到她的情绪每时每刻的变化。她发现,她越是能平静地集中注意力,就越能调整好自己在班上的情绪状态。

花精与香薰

植物也好,花卉也好,对孩子而言,都有很好的帮助。花精与香薰可以改善金-火关系,对于高度敏感的火孩子,尤其有效。莉齐的父母认识到，某些气味会影响女儿的情绪。金与肺相关，而肺又与鼻子相连。在多年的实践中，我们在莉齐的房间和衣服上试验了不同的精油，让她保持平静和开放。（关于对火孩子进行植物性的帮助，请看附录。）

扩展同情心

莉齐开始变了，变得对自己的火的气质十分自豪。她也喜欢开发自己的"大人心"的力量，这种力量的一个方面，就在于能够宏观地认识自己每日情绪的变化。通过反思自己情绪的变化，她可以预测出自己第二天的情绪。莉齐也开始了解她的情绪与外界环境的关系，意识到自己每次失控时，都十分想冒犯金气质。随着对此认识的加深，她逐渐学会了调整自己的情绪反应。现在，当父母告诉她"莉齐，你刚才的表现说明火太多了些"时，她已经能够自信地以笑容面对。

红灯，绿灯，1—2—3

为了培养自控力，我们玩过的一个最简单的游戏叫作"红灯，绿灯，1—2—3"。当我从1开始数数时，莉齐向我跑来,当我数到3时,她就得一动不动。她喜欢一边关注规则(金),一边学着控制自己旺盛的精力。当莉齐长大以后,她开始与其他孩子玩一些棋类游戏,这给她带来了秩序感,让她学会了享受平静。在这些游戏中,她享受快乐而不失控,而周围的人也对她纷纷给予积极反馈,这让她对其他孩子的行为也有了更高的容忍度。

接纳多样性:成为一个真正的领导者

以下这些活动,父母、老师、理疗师均可采用,来进一步发挥火孩子的强项:

- 通过一张拼贴画,描述你的生活。
- 解释什么是"对称性"、"模式",以及"顺序"。
- 解释什么是"神圣的"、"圣洁的"。
- 想出家庭中三个重要的仪式。
- 详细描述其中一场仪式。
- 在你的生活中,形成一个日常习惯。
- 努力在你的日常生活加入一点神圣性。
- 很多宗教教育人们为别人点一支蜡烛,以便纪念他们,或祝福他们。你可以在睡前为别人点一支蜡烛，并解释下自己的想法。
- 阅读知名艺术家、科学家的传记。

教育火孩子

为火孩子找到合适的老师是十分重要的，特别是在刚开始上学时，孩子对于学习的态度尚在形成阶段。过于兴奋的老师（木超标）可能会让课堂意外不断。当火孩子觉得很安全时，他的活力和热情常常会成为班级的宝贵财富。因为火孩子极为敏感，因此任何压力太大的老师（如今这是常态）都会在不知不觉中触发孩子的"小狗心"。每年我都会与莉齐的父母讨论下一年莉齐老师的人选问题。有一年，有位老师给班上每个孩子起了昵称，给莉齐的昵称是"小宝贝"，虽然老师的想法是，这样会帮助莉齐成长，但事与愿违，莉齐表现得就像"小宝贝"一样，不肯长大。要找到既具有水一样的安静温柔、又具有木一样的激励和鼓舞人的特性的老师并非易事。木气质的老师能找出正确的方向，让火孩子沿着其驶向目标。而土气质的老师更看重课堂的凝聚力，致力于减少课堂分歧，这样的老师对于火孩子的成长就相对不利了。如果金性格的老师足够坚持的话，他可能会凭借自己的坚持不懈，为孩子打造出完美的避风港。

说到底，还是要为孩子找到一位能欣赏他们的老师。他能欣赏火孩子的乐观、热情，以及对任何事情都积极参与的个性。如果老师能够驾驭火孩子的活力，那么就会帮助他们成为任何班级的一笔财富。

莉齐变得专心

多年以来，莉齐都表现得很好。虽然小学还有不适应的时候，但当她进入中学以后，她已经静下心来，能够更有效地调节自己的情绪。一直以来，莉齐都会来找我进行针灸和冥思练习。她母亲发现了这种定期探访的益处后，努力让孩子不错过任何一次会面。现在莉齐升入了高中，已经成了学校垒球队的明星球员，无疑，这对提高她的自信很有帮助。莉齐还和妈妈一起在当地报了瑜伽课，这对增进她们母女间的感情大有裨益。

在学校里，她已经学会了如何展现她的个人魅力。她心地善良，风华正茂，正计划着上大学，为未来当老师做准备。我敢打赌，以后无论哪所学校有幸录用了她，她都会成为学校最受欢迎的老师之一。

现在我们再看一个故事，看看一个火性格的少年，是如何一步步痊愈的。

布兰登（Brandon）：一位多动症的火少年

我第一次见到布兰登时，他才十三岁，正值体内荷尔蒙变化的巅峰时期。他的生活充满了戏剧性，但现在似乎正处在崩溃的边缘。随着他一天天长大，他的自控能力越来越差。他因从老师的办公桌里偷窃试卷被抓，已经被学校勒令暂停上课了。很明显，他是被别的同学鼓动的。他在学校的表现也很差，还经常抱怨说，一切都无聊透了。布兰登的父母正考虑让儿子转学，但他本人对此强烈反对。他不想离开他深爱的好朋友。他已经被诊断出患有小儿多动症，正服药治疗。但我第一次看见他时，我就可以断定，他的药物治疗没起作用，如果起了什么作用的话，也是负面作用。虽然布兰登很配合治疗，但他还是控制不了自己，而且还时不时惊恐发作。他的性格变得怪异，而且他发现，即使药物剂量降至最低，他依然无法入睡。在给他换另一套治疗方案之前，他的父母前来向我咨询。

当我们见面时，布兰登比他父母更早辨认出自己的火气质。给他治疗,一大挑战就是让他安静下来。他语速很快,俏皮话连篇,这反映出他缺乏安全感。我改变了自己的肢体语言,这让布兰登平静了下来,也让他开始放松。事实上,他开始期待与我的见面了。他把这叫作"冷静时间",当他觉得需要见我一面时(这表明他自我意识的增强),他就告诉他的妈妈。在为他进行针灸治疗时,我向他介绍一些可视化的呼吸练习。让他想象自己坐在海底,海面上的涟漪代表他的呼吸的变化、他的感觉,以及稍纵即逝的想法,但他的注意力身处其中,不为所动。

他发现服用DHA 欧米伽-3鱼肝油、甘氨酸镁、5-羟基色氨酸,加上一些温和的中草药,能够神奇地抑制他的冲动。

布兰登的生活毫无规律,他的父母工作时间很长,导致他在家无人看管。我发现与他父母的沟通协作同样重要。要让他们形成作息习惯,特别是定时吃饭的习惯,是一个最大的挑战。事实上,当布兰登了解自己是火气质时,他就意识到,养成规律的作息对整个家庭都有好处。然而,当布兰登的父亲经历了一次心脏病发作后,事情才开始有了变化。这对全家都敲响了警钟,尤其对布兰登触动很大。突然之间,他对于孰轻孰重有了新的认识。他不再一味恐慌,而是开始认真对待自己的健康问题，按时吃饭，保证充足睡眠。由于健康有了改善，他的功课也开始进步，注意力开始变得清晰，该认真的时候他就能认真起来，他甚至开始用自己的幽默来减轻别人的压力。对家庭，他也开始承担起更多的责任，事实上他已经成为木气质的父亲的榜样。他教父亲学习冥思，放慢生活的节奏才能闻到花香。布兰登现在上大学一年级了，他正考虑将来当一名针灸师。

方法小结

- **满足"小狗心"**：使用木的策略，包括：增加活动量、制订每日计划、吃含有蛋白质的早餐、提供充足能量。
- **训练"小狗心"**：使用水的策略，包括：提高睡眠质量、通过游戏训练记忆、服用鱼肝油、多喝水、多吃咸食、戒甜食。
- **扩展"大人心"**：使用土策略，为其找到情绪出口，包括：烹饪、血糖控制、唱歌、做辅导员、练习比较、使用学习卡片，以及言语疗法。

- **掌控"大人心"**：用金的活动帮助进行调节，包括：气功、呼吸冥思、电磁波治疗、芳香疗法。此外，还包括"红灯，绿灯，1—2—3"的游戏，以及其他发挥孩子多样性的活动。

第八章

土孩子
The Earth Child

亚历克斯（Alex）的故事

亚历克斯是个长相甜美的男孩，有着厚厚的嘴唇和羞涩的神情，六年级的时候，他被送到我这里接受小儿多动症的评估。他的父母告诉我说，直到最近亚历克斯上了中学，他们才意识到孩子出了问题。老师告诉他们，亚历克斯做事没有条理，任何事情似乎都落在别人后面。回想过去，他们意识到，孩子的成绩这几年一直就在缓慢的退步中。老师告诉他们，亚历克斯的潜力被浪费了，他在课堂上魂不守舍。当被要求回答问题时，他的回答往往与问题毫不相关。亚历克斯最近常去医务室，抱怨说胃痛，但医生对他进行检查后，并没有发现问题，只得给他开了抗酸药，看看有没有效果。

在家里，亚历克斯最大的问题就是难以做出决定。哪怕只是早上穿什么，也让他左右为难。他母亲告诉我说，孩子现在变得十分依恋别人，她经常发现他晚上一个人在房间里无声地哭泣，问及原因时，他总说不知道。他的哥哥一直在取笑他，说他是个胆小鬼。当我问到他有没有什么朋友时，他妈妈说，亚历克斯总是担心会被他的朋友排挤出去，不能和他们一起玩。在刚过去的这个夏天里，他没有入选少年棒球联盟，对他打击很大，自那以后，他就再也不进行任何运动，体重也开始增加。

亚历克斯的妈妈觉得学校的课业负担太重、太难了，而且因为孩子总是拖延，总是得熬到深夜才完成。她告诉我说："看上去他在忙碌，但什么都没完成。"当我第一次见他时，他已经在脸谱网上逗留了很长一段时间；他没有做自己的事情，而是在看他的同学更新的消息。

当我和亚历克斯说话时，刚开始很困难。他瘫坐在椅子上，盯着地面。我请他画一幅他的家给我看看，他环顾着这个屋子，看见了其他孩子画的画，便告诉我他不会画

The Earth Child | 土孩子

画。在我温和的鼓励下,他还是画了,而且画得很棒。我告诉他,他画得很棒。对于我提出的问题和要求,他一开始都是试探性地说:"我不知道。"他需要别人进一步的劝诱或是哄骗,才会给出进一步的答复。最后,他告诉我说,他喜欢上学,但功课太难了。当我问到他的睡眠情况时,他说,最近他经常睡不着,因为他的脑子老在想东西。当我问他在想什么时,他一开始说,他担心他的父亲,我问他为什么有这种想法,他向我坦承说,他担心会有什么事情发生在他父亲身上。最终,他告诉了我让他担心的其他事情,他很失落,因为一个很受欢迎的朋友的生日宴会没有邀请他。随着亚历克斯渐渐放松,他的叙述开始自由起来,但他似乎有些跑题。

在我和亚历克斯父母第一次会见时,他们花了相当长的一段时间才确信孩子是属于土孩子类型的。他关心别人,天生就善解人意,这让他的父母有了一丝欣慰。"调解者"和"取悦者"这样的称呼十分符合亚历克斯的个性。但亚历克斯对于自己的个性很犹豫,他说金木水火土这五类气质,他都有一些。这是很自然的,因为土孩子就像变色龙,他们往往会表现出与身边人类似的气质,以便更好地融入其中。接着,我们可以针对亚历克斯的注意力问题,提出解决方法。

土孩子的解决之道

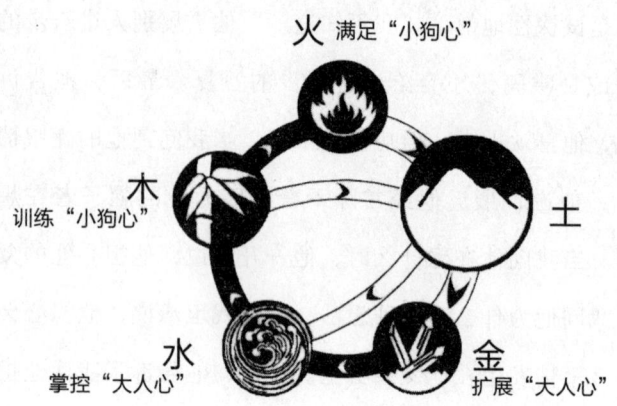

满足"小狗心":火的力量

满足"小狗心",意味着要想方设法让亚历克斯觉得更安全。为此,我首先做的就是和亚历克斯交谈时,让他心情放松下来。火生土,幽默就是其中一个很好的方法,可以缓解土孩子由于过虑带来的负担。采取一种轻松的态度可以很容易地让土孩子参与进来,获取他的信任。因为土孩子总想取悦别人,我们开始玩一种游戏,轮流为人物增添新元素,通过这种方式增强我们之间的联系。通过做些傻事,比如画一个有五只眼睛的头,我让亚历克斯看到,他与我的见面将会与其他的医生有所不同。他的情绪有了显著的放松,开始敞开心扉,和我谈论一些私人的事情。比如,他对我说,他觉得他的父亲对他不满,但他说不出具体原因。当我就此事询问他的父母时,他们却对此毫不知情。最终我们找到了这件事的起因。在我们见面前一个星期,亚历克斯的父母因为儿子曾经有过一次争吵,自那以后,亚历克斯一直为此而自责。土孩子总是想成为"调解者",当他们无法弥补别人的冲突时,他就会为此而自责。在中医看来,土居于天地之中,被东南西北四个方向和春夏秋冬四季所围绕,因此在金木水火土五行里,土居于正中,原因就在于此。

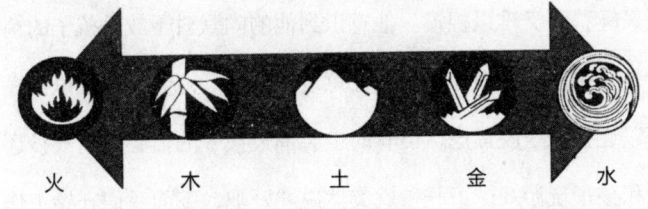

随着交谈的深入,我们终于谈到土的威力,他的表情看起来也轻松了许多。观察他如何适应,对于了解他如何处理与班上同学的关系,显得尤为重要。这个简单的行为似乎给了他巨大的能量,他发现自己不必和身边火或木气质的朋友保持一致,有了更多的喘息空间。

注入火光

满足"小狗心",意味着为孩子创造欢乐、轻松的环境,激发他们更好地集中注意力。土孩子对此反应很明显,处于新鲜而兴奋的情绪之中,让他们无暇顾虑太多。我建议亚历克斯的父母在孩子上学或是做作业前,陪孩子玩一点傻游戏,这应该能够改变他一整天的表现。

少才是爱

亚历克斯的父亲是属于火性格的,他说话声音洪亮、幽默风趣,而又难以捉摸。他意识到他的幽默对于放松孩子的情绪是有帮助的,但他还需要注意适度原则。有时他的难以捉摸可以让孩子摆脱焦虑,但有时也会摧毁孩子的信心。前一秒还在和孩子玩游戏,下一秒就突然说"好吧,下面我们开始工作吧"。这会让孩子更加焦虑,会让孩子觉得他的父亲对他生气了。土孩子经常会过于依赖火的领导,而疏忽了自身决策能力的培养。所以,亚历克斯的父亲要学会适当地放手。

以前亚历克斯都是独自在房间做作业,移到厨房做作业后,他的注意力有了提升,因为在厨房,他能感觉到他是家庭的一分子。(顺便说一下，这种方法对他兄弟一点也不适用，他兄弟是一个金孩子，做作业时需要一个安静独立的环境。)

在班上，当被突然叫到时，亚历克斯的不安全感达到了顶峰。很多土孩子都抱怨有这样的表演焦虑症状。亚历克斯的父亲向我们诉苦说，当他和亚历克斯一起学习时，亚历克斯似乎什么都懂了，但当他一走进教室，他似乎又都忘光了。他花了好些年，才能在公共场合放松地演讲，但就像其他事情一样，只要给他时间稍作热身练习，他也会做得和别人一样棒。

热身练习

要让孩子产生更强的安全感，意味着接受孩子的现状。对于土孩子而言，这意味着要认识到一点：土孩子需要持续的肢体接触以保持安全感。每天，亚历克斯睡前，我都让他的母亲陪着他，按摩他的肚子，因为胃是与土相联系的。同时我让她放一些舒缓的音乐，只是简单地听听音乐（什么也不用想），是土孩子一种非常重要的练习。按摩期间点上蜡烛，也会让孩子觉得温暖而舒适。

我建议，一开始，孩子的母亲可以沿顺时针方向，有节奏地抚摸，最好与音乐的节奏合拍，这样能够让孩子集中注意你的手的动作，让思绪自由游走。这种方法也有助于睡眠和放松身体的紧张。

以胃为中心

土的威力集中体现在吃上。我们接收到的所有食物信息，都由吃来负责处理。消化不良的食物，就像缺乏安全感的土孩子的过度的忧虑一样。在诊断亚历克斯的小儿多动症类型时，他的胃痛给了我们很大的提示。我建议他尽量少吃冰冻食物（如冰淇淋、生食），因为那会削弱他的消化能力。当孩子觉得沮丧时，真正的安慰是汤和炖菜，而非令孩子们着迷的冰淇淋和饼干。我发现有很多温和的中草药配方，在"暖胃"方面极为有效，同时还能提高消化能力和注意力。

训练"小狗心"：木的威力

木的威力体现在运动和方向上。亚历克斯不太活泼，这是反映孩子发展停滞的危险信号。对亚历克斯而言，每天的运动会让他感觉到自己在进步。体力运动可以提高身体知觉和自信心，让人更好地融入现实世界——这才是土孩子的强项。很多土孩子都得益于每天的跑步练习。这种压力较小、适合冥思的运动，可以极好地让孩子跳出思虑，专注于身体。类似的运动还有瑜伽、骑自行车，以及游泳，它们都可以提高注意力。

我建议亚历克斯花更多时间待在大自然里。养成每天在林间步行或是修剪习惯，哪怕每天只有十分钟，也会为自己提供一个大自然的氛围，从而减轻压力。此外，减少坐在屏幕前的时间，尤其是被动看电视的时间，可以让亚历克斯更加关注他身边发生的事情。减少孩子坐在电视机前心不在焉吃东西的时间，这样一个坏习惯会影响孩子的社交活动。

亚历克斯喜欢与家人一起旅游。旅游恰到好处地把火的新奇与木的运动结合起来，激发起人们的探险欲。事实上，我发现很多土孩子独立旅行时，才真正地成熟了，因为这会迫使他们保持注意力，分清主次，独立做出决策。

土的视野

亚历克斯往往会困在事情中途，因为他有太多东西要想，太多决定要做，太多方向要选，最终他的脑子就完全没法运作了。在五类型对应图中，木主管我们的视野，它设定目标，指出前方的道路。我注意到亚历克斯有对眼障碍，因此我建议他进行视力训练疗法，以增强他的眼部肌肉。这极大地提升了他的阅读速度，他的家庭作业负担也变得不那么沉重了。

事实上，我发现，就像很多土孩子一样，当有视觉线索时，亚历克斯学得更好。当接收到缺失语境的信息时，土孩子经常会不知所措。因此有必要为他们创建示意图，从视觉上帮助他们把信息联系起来，让信息变得有条理，记起来更容易（见图表）。记住：事物之间的联系是土孩子最感兴趣的地方，示意图也会帮他们演讲时捋清思路。

示意图

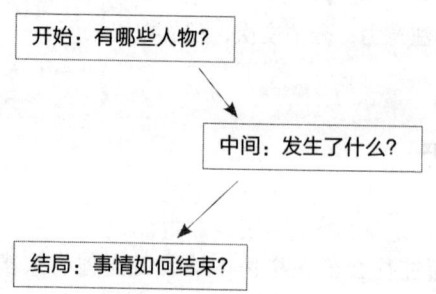

设定具体、可实现的目标,这是另外一种木活动。它可以帮助亚历克斯提高信心,专注于目标。土孩子常会有习惯性的不安全感,他们会在工作中迷失自己,无所适从,一无所获。

少才是爱

木气质的力量,代表了我们国家极为看重的个人艰苦奋斗的精神,这与土孩子融入集体,形成了鲜明对照。有时土孩子会被苛责,说他们不是领导者的材料。木气质的父母往往会对犹豫不决的土孩子丧失耐心。记住一点:适度才是爱。少量的鼓励是很好的,但一旦鼓励太多,土孩子就会不堪其累。请千万注意你对孩子的期望,认识到你自己的期盼对孩子的影响,才能更好地帮助你深爱的孩子取得成功。

甚至老师对于亚历克斯的评语("他的潜力被浪费了"),也带有评判的意味。事实上,是他周围的环境荒废了他的潜力!亚历克斯的胃疼与学校的标准化测验带来的压力息息相关。他能感觉到来自老师的压力,不想让老师失望,但这样他就难以清醒思考。他默默地把他所有的压力都积聚在胃里。给考试延长时间是无法缓解他的情形的,需要转变的是老师对于亚历克斯的态度。训练"小狗心"意味着创造机会，为孩子提供积极的反馈，让他积极参与，勇往直前。

扩展"大人心"：金的威力

所有的贵金属都来自于土壤。扩展"大人心"是指激发亚历克斯的各种情绪体验，以便为他温柔的天性找到用武之地。亚历克斯会花好几个小时画画，我们就利用画画让他注意细节与图案（金），比如不同的情绪表达方式，这样，亚历克斯就会以更加连贯的方式组织故事。随着他的绘画越发精巧，来自亲朋好友的积极的反馈会有助于他的安全感的建立。

如同很多缺乏信心的土孩子一样，亚历克斯并不总相信别人对他的赞扬。但幸运的是，亚历克斯的父亲善于鼓励儿子，让他以自己的方式表达自我。他还定下规矩，每天晚上和儿子坐在一起，讨论一天的见闻。他不仅仅只是帮儿子解决问题，他还让亚历克斯正视自己的情绪状态，慢慢地帮他跳出思前顾后的恶性循环。当亚历克斯能越来越准确地描绘他的感受时，他们就可以分享情感，加强父子的亲情纽带。

土孩子的呼吸

对亚历克斯而言,学会腹部呼吸,对于放松精神有着立竿见影的效果。肺体现金的节奏和韵律,每当看见亚历克斯漫无头绪时,他的父母就会让亚历克斯用这种方法呼吸。传统中医认为,过虑会导致气的淤积。通过胸膜的运动,亚历克斯摆脱了过多的思虑,这有助于他在面临压力时集中注意力,也解决了他反复发作的胃痛问题。

图案与节奏

利用亚历克斯在绘画方面的技能,我介绍他玩图案游戏。这个游戏能帮他更好地注意顺序和规则。他对乐高积木表现出兴趣,我鼓励他按照样式搭出一些更加复杂的图案。每次来和我见面,亚历克斯都喜欢把他搭好的积木带给我看。而且,像乐高这样的玩具现在非常流行,因此亚历克斯有机会从他的小伙伴那里得到积极的肯定,这对提高他的信心也是有帮助的。

后来,亚历克斯开始使用互动式节拍器,这是一个极好的疗法，可以帮助土孩子平衡运动（木）与节奏（金）。这项练习让他开始对音乐产生兴趣。随着他年龄的增长，他对不同音乐风格的欣赏，让他对音乐类型的细微差异有了更深的体验。对音乐的喜爱，也让他与其他孩子有了联系。记住，在青少年中，音乐是一种很重要的交流和表达的方式。

多样化的感觉

为了扩展"大人心"，亚历克斯需要整理自己的感受。刚一开始，他并不知道自己的感受是什么样的。当被问到现在是什么感受时，他只会说："我不知道。"他的父母每天和他一起练习把各种情绪分门别类，一起看光碟或是读书时，他们会暂停或是中断，要求亚历克斯说出此刻人物的情绪状态。"亚历克斯，这是什么感受？开心？伤心？愤怒？还是害怕？"当他能够较好地辨认出不同情绪时，他发现当再被问到自己是什么感受时，他不会再茫然不知所措了。他还发现，对于别人的情绪状态，他也能够更加准确的予以判断。这使他开始用一种更加宽广的视角认识自己。

The Earth Child | 土孩子

我饿了1—2—3

因为消化对于土威力的发挥是极为重要的，而土孩子往往吃饭时心不在焉，因此，亚历克斯开始学习如何辨认自己是否饿了、半饱，或是全饱。他的父母指导他使用"我饿了1—2—3"游戏（见第五章），来表明饥饿程度。这个联系会让他对自我的内在状态更加关注。

掌控"大人心"：水的威力

要真正意义上掌握自己的土威力，亚历克斯还得注意与周围世界互动的方式。我帮他绘制出与他相关的五大关系，让他认识到自身疏导水的威力（世界的深层神秘之力）。在我们的会见中，我们一次又一次地回到这五大关系中。水代表了事物深层的、浓缩的意义。土太多则会影响水的清澈，理解这一点刚开始对他而言有些困难。随着亚历克斯变得不那么以自我为中心，他开始意识到自己对他人的影响。泥泞的水代表了混乱的思维。犹犹豫豫，空话连篇，对别人都是困扰。担忧过去的事或者未来的事，这就表明他还没有掌握活在当下的真义。对于任何人而言,如何不被各种思绪困扰,防止自己迷失,都是一个挑战,对于缺乏安全感的土孩子而言,尤其如此。冥思是一个极好的方法,可以让他们在这方面有所提高。

◆ **冥思练习步骤**

此项训练可以坐着或是躺着完成。

1. 首先让孩子进行若干次腹部呼吸。吸气,腹部膨胀(不是胸部);呼气,腹部放松(气体排出)。

2. 现在让孩子想象自己就是大地,支撑着万物,如花草树木、高山河海等。当他吸气入肚时,让他想象身体被重力填满。想象自己就像一个又大又圆的气球,但里面填充的不是空气,而是重力或是什么重物,比如沙子。指导孩子感受这种重量的增加。

3. 在呼气时,想象自己的呼吸就像河流出海,注意气息要匀速呼出。随着呼气的进行,排出体内的紧张,感觉越来越轻松。

4. 当他再次开始吸气时,让他默默地感谢天空为

The Earth Child | 土孩子

他提供呼吸的空气。当他呼气时，感谢体内流动的血脉，让他得以生存。

我把这段冥思录了下来，给了亚历克斯，他在上学的路上反复播放。没有人注意到他默默地握紧自己的手，放在肚子上，开始呼吸。他发现在考前进行几次腹部呼吸，对于清醒大脑十分有效。对吸气、呼气的关注，增强了副交感神经系统，从而降低了交感神经的过度焦虑。虽然有时候父母还得提醒他做，但他们发现，这减轻了孩子的焦虑，提高了他的注意力，改善了他的睡眠及饮食。

为了更好地应对考试焦虑，我还建议亚历克斯在考试当天采用一种顺势疗法。该方法利用稀释的力量（水）来中和特定的症状，对于儿童十分安全。在考试当天采取这样的准备措施，还有额外的好处。它可以让亚历克斯更有信心，提醒他在考前一直保持精神集中。

◆ **感受重力练习步骤**

以下的冥思练习特别适合土孩子在考前一夜使用。

1. 指导孩子做五次腹部呼吸，随着每一次呼气，把各种思绪都释放出去。

2. 让他注意自己在床上的重量。
3. 随着吸气,让他开始注意自己腿的重量。当他呼气时,他会觉得腿越来越沉。告诉他之所以会有这种感觉是因为他与地球的重力连接上了。
4. 指导他慢慢地将注意力转移到脚的重量上,然后是后背、脖子、双肩、胳膊和手。他应该在身体的每一部位都花时间体会重力的影响。

有了重力,人才不会飞到太空,它像母亲的双臂一样,静静地聚拢着我们,为我们创造出极大的安全感。重力让我们真切地感受到我们在这个世界存在的意义。

◆ **气功练习:立于天地之间**

该练习最适于在做作业前练习,可以帮他清理思绪,变得更有条理。

1. 让孩子双腿分开,与肩同宽,双脚平立于地面,想象自己是连接天与地的纽带。
2. 面朝前方,向远处凝视,但不要刻意盯着某物。
3. 开始时,将手放于肚脐处。随着将空气吸入肚内(参看第五章基本腹部呼吸练习),抬起一只胳膊,举过头顶,仿佛在撑起天空。

同时，另一只胳膊向下推，仿佛摁住大地。

4. 保持这个姿势，屏住呼吸，同时轻微地伸展身体，仿佛在推开天空与大地。目光凝视前方，并微笑。

5. 呼气，放松身体，胳膊放回肚脐处，交换胳膊，重复以上练习。

6. 刚开始此练习时，只需持续一到两次呼吸，数周后，可上升到二十五次。在练习中，要努力做到只关注自身的姿势和呼吸的运动。

扩展同情心

要真正掌握土的威力，要能够看到自身对于别人的影响，体会更加广泛的情绪，而不仅仅只是担忧。亚历克斯最大的挑战在于如何学会安静地独自工作。当他觉得缺乏安全感时，他往往会过于依赖别人，侵入到别人的空间。他有时表现得害羞，有时却又喋喋不休，在这两个极端之间来回变换。他要逐渐学会分辨什么时候会影响到别人。一些需要思考的活动，比如下棋，会帮助他提升内在的注意力。

火孩子　水孩子 | FIRE CHILD WATER CHILD

编辑游戏

所谓的土火关系,就是帮亚历克斯用简洁的语言表达自己的想法,换句话说,就是在保持听众兴趣的同时,话要说到点子上。如何做到这二者的平衡呢?编辑游戏在这方面能够帮到孩子们。

游戏是这样的:当亚历克斯用最少的话传达故事大意时,他会得到最多的分数。他的父母会陪他一起练习,直到他学会简洁的表达。

你也可以与你的土孩子一起朗读诗歌。诗歌总是以最凝练的语言进行表达,有助于提高孩子的创造力。我向亚历克斯介绍了俳句。我们选一个话题,他得用三行诗来表达整个意思。随着他对此越来越擅长,他的意识也变得越发清晰。

接纳多样性:成为一个真正的守护者

以下这些活动,老师、家长、医师可以布置给孩子做,进一步发挥土孩子的强项。

- 在一幅艺术作品、一首曲子或一首诗中,发掘其深层意义。

- 在两个故事里，找出一个共同的主题（从众多事物中找到同一性）。
- 找出一句名言的含义。
- 解释"神秘"与"静止"的含义。
- 描述一种方法，来帮助这五种不同类型的人。
- 阅读精神导师（如甘地、穆罕默德、耶稣、佛陀等）的传记。
- 探索来自其他地区的食谱（有助于培养多样性）。
- 和别人一起烹饪，这有助于培养与他人的关系。
- 创制新的食谱（有助于摆脱思维定势）。

教育土孩子

找到一位集火的活泼与木的鼓励于一身，同时又不过于激励或急于求成的老师，往往是不大可能的。金性格的老师条理性强，行为可以预测，他会帮助土孩子理解规矩。对于土孩子而言，最大的问题是被老师忽略。来自老师的最微不足道的鼓励，也会对他们大有帮助。因此要确保老师能够为孩子提供积极的反馈。土孩子依赖于这些小小的成就。当然，这样做的负面作用是，面对一连串的失败，他们会一蹶不振。我们有必要为土孩子绘制一幅流程图，强调他们从长远来看能够取得的进步。这是让他们保持专注的最好办法。老师们需要知道，土孩子是通过事物之间的联系来学习的。借助一定的背景传授知识，土孩子才会学得更多。

亚历克斯变得专注

亚历克斯上高中后，只有当他极为焦虑时，我才会见到他。他的信心得到增强，能够参与更多活动，变得更加外向。他发现他越是积极参与课堂活动，就越容易集中注意力。最近，他参与了保护当地动物栖居地的志愿活动。他还说，将来他想做一名兽医。

下面是另一个事例，讲述一个土性格的青少年如何发现自身的独立性。

加布里埃拉（Gabriella）：一位患有多动症的土孩子

加布里埃拉第一次和她母亲来见我时，还只是名初中生。她的母亲主要关注的是女儿的外形,她抱怨说,加布里埃拉的身体正在一天天垮下去。她母亲身材高挑,妩媚动人,看上去比实际年龄要小,而加布里埃拉身材不高,略显肥胖,与母亲形成了鲜明对比。加布里埃拉对我说,她怀疑自己得了小儿多动症,因为她所有的朋友在学校的学习表现都比她好。想到上不了大学,她就十分害怕。医生曾经试着给她服用中枢神经兴奋类药物,但作用不大。当她试着加大剂量时,她反而变得越来越焦虑。除了有些过敏反应和偶尔的腹胀,她的身体一直以来都很健康。最近她母亲把小麦作物从女儿的食谱中取消了,正在征询更多的营养建议。当我向她们描述了金木水火土这五种类型之后,加布里埃拉和母亲一致认为,加布里埃拉性格"主要是土,还有些金"。她喜欢常规活动,但有时过分困于其中。

如今的初中生压力真的很大,我见到很多孩子因为别人期望太高,最终自己身体垮掉。加布里埃拉向我抱怨说,她每晚都睡不着,因为她脑子里有太多思绪纷扰。她只想要一些药物,让她能够更轻松地应对中学的挑战。

加布里埃拉和她母亲对于这个问题的解决,显得很没有耐心。加布里埃拉辨认出她母亲属于火性格。在生孩子之前,她妈妈曾是模特,最近又研究起营养学。然而有意思的是，加布里埃拉最感兴趣的却是吃。她一直都在谈论"好的食物"、"不好的食物"，还私下里告诉我说，每当她紧张时，她就会吃"不好的食物"。她害怕她母亲会发现，并为此沮丧失望。

我们的讨论从如何注意到饿了和饱了开始。我向她解释，注意到这点，有利于提高她的注意力。我建议她多样饮食，具体而言，多些蛋白质食品，少些奶制品。我担心，大量奶制品的摄入，可能会加剧她的不满。我告诉她，她毕竟不是一只小牛，不需要喝那么多奶。她同意照我说的试一试。我们给她安排了一系列的针灸疗法，辅之以药物治疗，让她关注自己的身体，清空过多的思绪。在一些穴位上我放置了特定的磁铁，供她白天在校时佩戴使用。选择这些穴位是帮她调节焦虑。此外，她还开始服用一些温和的中草药来调理肠胃消化能力。

我谈起她独特的天性，以及她不必和别人一样的事实。我鼓励她去她母亲常去的健身房，但她告诉我说，那让她觉得自己是在和母亲竞争。于是加布里埃拉转而去一家瑜伽工作室，我建议她母亲不要跟着去（这会让她很紧张）。

我们定期见面，制订战略来改进她的组织能力。我们还

The Earth Child | 土孩子

谈到五类型的对应，让她意识到，她的天性就是与她朋友不同。这让她觉得如释重负。我鼓励她暑假计划一次离家在外的活动，这对她而言可是件大事，因为她从没有离开家过。最终她选择了去另一个州的大学上暑期课程。

在离家前的最后一刻，她来找我，因为她觉得她无法应付独自远行。我们再次温习了呼吸训练，我为她的"感受重力"冥思制作了光碟，供她每晚倾听。她母亲对于女儿能否出行深表怀疑，我专门和她谈话，告诉她，作为母亲，她的身体语言正在削弱女儿的信心。

最终加布里埃拉去了那家州外的大学，但一开始并不顺利。暑期刚开始时，我接到她母亲的电话，说加布里埃拉每晚都在哭，因此她在考虑把女儿接回家。我力劝她再等几天。随后我和加布里埃拉在电话里进行了一番长谈，我们一起温习了所有的练习，她似乎平静了下来。可以看得出她想做好这件事。这是我暑假最后一次听到她的消息，到了下一学年，他母亲给我打电话说，加布里埃拉已经考上大学了，对大学生活充满了期待，非常感谢我的帮助。她说通过这整个的治疗，她对女儿有了更多的了解，对于自己的认识也加深了。

火孩子　水孩子 | FIRE CHILD WATER CHILD

爱我们的土孩子

土孩子在我们的生活里，占据着中心地位；教育他们，需要温柔，需要关心。对于土孩子，我们可能会觉得很遗憾，因为他们缺乏自我意识，可一旦他们有了安全感，他们的"大人心"就会很强大，在任何情况下都值得信任。土孩子把水的所有深层智慧引入我们的世界，同时为火的激情提供一个出口，他们激发木的潜能，生成金的各种图案，为我们人类表达自我的各种方式提供语境。由于土孩子的天生才能，各种关系得以协调，我们各自的天性才得以发展、成熟。有了稳定的关系，我们才有家的感觉，而这正是土孩子为我们精心准备的。

方法小结

- **满足"小狗心"**：用火来激发。使用幽默、游戏、感觉统合，以及腹部按摩。
- **训练"小狗心"**：使用木的力量，进行辅导，设定目标，列出各项活动，加大运动量，增加蛋白质的摄入，尝试视觉疗法。
- **扩展"大人心"**：用金的力量来提供一个发泄口。采用的方法包括：手工艺、音乐、图案游戏、呼吸练习，以及对他人情绪的解读。
- **掌控"大人心"**：培育水的威力，获得清晰度及深度。使用气功练习、自省冥思，以及有助于发挥多样性的一些项目。

第九章
金孩子
The Metal Child

玛丽亚（Maria）的故事

玛丽亚是位身形清瘦的女孩，她的面容严峻，颧骨突出，鼻子修长，目光锐利。在她还在襁褓之中时，我正在儿科实习，恰好认识她。她有自己的一套做事情的方式。甚至在很小的时候，她就表现出神奇的本领，无论在哪儿都能发现各种图案，喜欢猜字谜、绘制精巧复杂的图案。她的母亲在南美出生，开朗活泼，她一直都知道自己的女儿与众不同，但当玛丽亚升入四年级时，她开始觉得恐慌，觉得女儿可能有什么问题。玛丽亚曾经患过哮喘，最近几年少有发作。当她上幼儿园时,她母亲就注意到女儿的行为举止与其他孩子有所不同。玛丽亚迷上了火车,不让别的孩子玩。她经常气冲冲地回到家,为其他孩子说的一句话而发怒。我和玛利亚的父亲接触很少,和她母亲见过几次面,一起讨论如何鼓励玛丽亚多参加社交活动。随着时间的流逝,玛丽亚取得了长足的进步。

到了四年级,功课开始变难,玛丽亚陷入了困境。老师担心她可能患有神经疾病,因为玛丽亚似乎完全与班上其他同学脱节了。她会就几小时前发生的事情突然提问,也有社交困难。她会指责其他孩子做了他们不该做的事。老师不只一次提醒玛丽亚说,她不用管理整个班级,而玛利亚觉得受到了侮辱,于是她什么活动都不参加。她对批评越来越敏感,坚称老师冤枉她了;她还抱怨说不喜欢班上其他孩子,一直不停地数落着每个同学不好的地方。她发现自己总是放不下事情,当事情搞砸了,总是埋怨别人。她的睡前活动已经变成冗长的仪式,严重地影响了她的睡眠。玛丽亚的母亲担心女儿的哮喘又开始复发了,至于是哮喘引发了这些行为,还是学校的压力引发了哮喘,她也不清楚。

解决之道

当我们通过交谈勾勒出玛丽亚的气质后,属于火性格的母亲立刻判断出女儿是属金的孩子。对她来说,这是个重大的发现。终于有一种更加积极而客观的方式讨论玛丽亚的天性,这让她如释重负。

当事情没有按她的计划发展时,她就会开始卡壳,这是玛丽亚注意力出现问题的根源。她很难做到只见森林,不见树木。这种固执僵化的习惯只会加剧她的"小狗心"的紧张,让她无法看见全局。她的追求细节的天分导致了狭窄、僵化的注意力。

在应对玛丽亚的注意力问题时,我们主要考虑了帮助金孩子的四大战略:

金孩子的解决之道

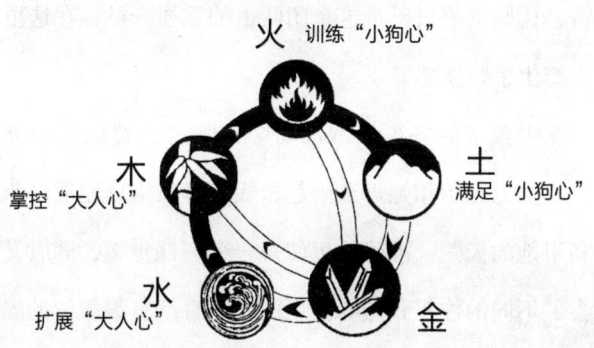

满足"小狗心":土的威力

首先我们要让玛丽亚的母亲意识到,孩子出现多动症,是在向大人发出求救的呐喊。为了更好地给孩子提供安全感,我们得承认玛丽亚的现状,认可她面对这个世界的方式。我们知道土生金,土代表着交流的语境和相互间的关系。玛丽亚想融入同学们之中,但她不太清楚怎么做。因此,我鼓励玛丽亚和她母亲,让她从与班上一位同学交往开始。对玛丽亚来说,她在班上有了朋友,哪怕只是一位,也会让她这样的金孩子在面对陌生嘈杂的环境时,感到安全。

玛丽亚有一位朋友正好在上一门合气道课程,我建议玛丽亚也参与进去。据我所知,教授这门课的老师,对学生友善而公正,一直强调团体凝聚力(土气质)。虽然玛丽亚身体显得很笨拙,但她喜欢这个班级,而且老师教学方法新颖独特,让她觉得自己是这个团队里的重要一员,在这里她第一次产生了归属感。

在土孩子的各项日常活动中,吃占据着重要地位,因此,玛丽亚开始和她母亲一起做饭。母亲给玛丽亚演示,如何利用她的天赋,准确地记住每一个烹饪步骤,同时又一点点尝试不同的佐料和风味。玛丽亚一直都有很敏锐的嗅觉,压力过大时更加敏感。有些气味甚至会引发她的气喘。她母亲告诉我,通过玛丽亚对待烹饪的方式,她可以判断出女儿的安全感程度。如果那一天玛丽亚过得很不好,她就会被一些简单的事情难倒,比如给土豆削皮。这个时候,玛丽亚的母亲就会温和地指出女儿的问题,玛丽亚也就能将她的情绪和外在反应建立起联系。

  我还向她们强调一起吃饭的重要性。一直以来,玛丽亚都是单独吃饭,在饮食方面与父母缺乏沟通,也加剧了她的固执。她对于食物的色相一直都很挑剔,如果一道菜看上去不好看,她连碰都不会碰。一开始,对每个人来说,适应和别人一起用餐都是很有压力的。玛利亚会想控制每个人盘中食物的放置方式。但那年春天,她母亲有了一个重大发现:玛丽亚能够尝出当地有机食品和超市里卖的加工食品的区别。由于这个能力,玛丽亚加入了当地一家食品合作社,帮助他们分拣从农场收上来的蔬菜和水果。玛丽亚十分喜欢这项工作,在六年级时,她甚至写了一篇甚是义正词严的报告,讨论支持地方农业发展的好处。有意思的是,玛丽亚的母亲觉得,让女儿吃有机食物似乎能够降低她的过敏症以及哮喘。

  与母亲一起准备食物,降低了玛丽亚对某些食物的气味和纹理结构的厌恶。在烹饪和吃饭的过程中,玛丽亚体验了人与人之间的联系和沟通,不再那么极度敏感了。和家人一起吃饭,让她与家人可以更积极地讨论美味的食物。把这个习惯坚持下来,不但提高了孩子的安全感,也有效地削弱了孩子"小狗心"的顽固。

建立与土的联系

在花园里工作可以让孩子接触到土的力量,让孩子的缺陷在成长中变得不那么有威胁,毕竟人无完人。玛丽亚最终好像完全接管了母亲的花圃,把它变成了蔬菜地(这对她来说实用得多)。到了秋季,每次她来见我,都会给我带来最新鲜的蔬菜。

保持与土的联系,对玛丽亚的意义与其他孩子不同。玛丽亚的母亲特别善于为孩子创造空间,让她觉得没有受到忽视,同时又不会觉得受到侵犯。她并不要求孩子与别人保持目光接触,虽然对这一点,玛丽亚的学校颇有微词。她认为,迫使孩子与别人的目光接触只会增加孩子的不安全感。当玛丽亚觉得她的空间受到了威胁,她就会很紧张,而此时玛丽亚的母亲就会小心地改变自己的肢体语言,让孩子感觉安全。当玛丽亚被负面情绪困住了的时候,她的母亲只需将手放在玛丽亚的肩上,就会让她放松。

对于针灸,玛丽亚一开始是很提防的,于是我先让她在我身上扎一针试试(我一般都用这种方法来解除他们的顾虑),最终她觉得安全了,同意用在她身上。针灸的前几期疗程,我们只用一根针,让她培养起对我们的信任感,渐渐地,她对于这些疗程在她身上产生的变化越来越好奇。通过针灸,她与感觉的联系得以建立,我们也借此转移她的注意力。后来,当她觉得需要治疗时,她会明白无误地告诉她母亲——这是一个好兆头,它意味着玛丽亚的自我意识正在增强。有时,玛利亚还会告诉我说针应该扎哪儿。

当好金孩子的土父母

对任何父母而言,如何为像玛丽亚这样的金孩子创造一个安全港湾,都是一件很考验他们耐心的事。当父母出现言行不一时,玛利亚会习惯地指出来,她母亲要学会把这看作孩子发出的求救信号,而不是针对她个人。至于玛丽亚的父亲,他是一位善良但消极的土性格的男人,他认为玛丽亚的行为是她性格的反映,如果玛利亚自己犯错的话,她对自己也会同样苛刻。后来,她的父母都开始意识到,女儿有这些行为，表示她需要更多一点的支持和帮助。他们开始用肢体语言表达，更靠近孩子（但不会太近），并告诉她，无论她犯了什么错误，父母都一样爱她，而且，父母欣赏她敏锐的观察力，为她的气质而感到骄傲。这种无条件的爱所传递的讯息对于孩子安全感的形成，有着特殊的效力，可以让孩子逐渐放弃刻板的成见。但是要记住，不用和孩子说太多太煽情的话，简单直接的表达就可以了。

训练"小狗心"：火的威力

一味地迎合玛丽亚的性格，是远远不够的。训练她的"小狗心"意味着为她提供一条进步的安全路径。火能够融化金，使其变柔，从而能够更好地接触和融入外部世界。玛丽亚的母亲天生就有能力借助幽默，让孩子心情变得好起来，但是玛丽亚的父亲这方面有所欠缺。每当玛丽亚拒绝按照他的方式做事时，他都会大为光火，而这让玛丽亚更加困惑。他要学会让玛丽亚乐于自嘲，而不会觉得受侮辱。嘲笑自己对金孩子而言并不容易，它需要时间，要从认可自己的性格开始。事实上玛丽亚幽默感很强，只是她父母需要在她精神紧张时，用好笑的东西把它激发出来。

表达的艺术

对玛丽亚来说,与别人的语言交流非常艰难,当她没有安全感时,她往往会误解对方。训练她的"小狗心"意味着给她提供积极的反馈,提高亲近感,培养联系感。玛丽亚的父亲要记住:少就是爱。他总是说得太多,这让玛丽亚觉得,自己的空间受到了侵犯。他开始默默地陪伴她,通过一个微笑、一个眨眼这种非语言线索,在她情绪缓和,不再固执己见时,为她提供源源不断的积极的反馈。他意识到,过多的批评和赞美会让她受不了。

情绪阅读游戏

玛丽亚往往只从字面上理解事情,纠结于某些措辞而错失其真正的含义,导致不安全感进一步加剧。我建议她的父母互相拍照片,记录下他们所能想到的各种表情,把它们装订成书,定期和玛丽亚一起学习辨认图片上的表情。慢慢地,玛丽亚开始辨认出不同的情绪和表情,这能帮助她理解非语言交际的规则。但正如我们将要看到的那样,学会阅读情绪,只是训练玛丽亚注意力的第一步而已,毕竟纸上谈兵和实际情况差别还是很大。

火孩子　水孩子 | FIRE CHILD　WATER CHILD

一起唱歌

玛丽亚的父母发现，玛丽亚跟着唱片一起唱歌时，音高都很合适，但和真人一起唱时却会出问题，她往往会突出自己，唱得比别人都大声，以盖过她认为的别人唱错的地方。于是他们每晚都聚在一起练习合唱。练习和音，让玛丽亚意识到自己并不总是被关注的焦点。随着玛丽亚对放松自己的控制，对团体成员（土）的信任，他们的合唱练习变得越来越充满欢乐。

按摩

玛丽亚的母亲每晚都会给她孩子做深度按摩。金孩子往往会出现肌肉紧张，皮肤干燥的情况，因此在一天的末尾，用精油和温水进行按摩，可以帮助他们更好地放松。玛丽亚的母亲在她的后颈和肩胛处发现了很硬的地方，因此她会非常小心，防止用力过度。如果她按用力了，玛丽亚就会感觉受到了侵犯，进而影响她的安全感。另外，由于玛丽亚的嗅觉很灵敏，我们会在白天在她耳背上滴一滴雪松精油，帮助她放松。（关于精油，可参看书后附录。）但要记住一点：爱就要节制。过多的香气，会让金孩子变得不知所措。我们经常会发现，由于香水的干扰，金孩子无法集中注意力。

感觉统合

训练孩子的"小狗心",意味着为孩子的紧张情绪提供一个安全的出口。我常常会建议使用知觉疗法,帮助孩子走出困境,参与到变化的外部世界中去。记住,对于金孩子而言,变化往往会引发他们内心的不安全感。火带给孩子的感受就是变化。于是玛丽亚开始穿沉重的夹克,好让自己在迎对扑面而来的变化(火)时,变得更踏实(土)、更安全。

随着玛丽亚对我们的疗程越发信任,我们开始使用电磁波反馈器,让她的心跳和呼吸更加稳定,这个设备可以平衡她身体内部的生理节奏,这对金孩子的安全感至关重要。

"我发现了新东西"

玛丽亚父母发现,女儿出现注意力问题,是因为她天性就对变化不知所措。他们并没有责备她,而是和她玩了个游戏,让她在面对变化时,更加自在些。在这个游戏里,他们轮流进入一个房间,看看房间里有什么变化。我把这个游戏叫作"我发现了新东西"。因为玛丽亚非常擅长发现细节,很乐意参加这个游戏。渐渐地,她对于变化不再那么害怕了。

装傻游戏

玛丽亚对任何事情都很当真,这是她天性使然,虽然这本身没什么错,但有时会形成恶性循环。当玛丽亚犯错时,就会加剧她的混乱和不安全感,这反过来又会让她对极小的错误变得敏感。为了打破这个恶性循环,我和她做了个游戏,名字叫作"我们都犯傻错"。我们各自画一幅画,有意在里面留下一个错误。她很快就找到了我画中的错误,但如何在自己的画里留下错误,让她颇为踌躇。然而,当她的情绪逐渐放松后,她就十分擅长把错误藏在画里。通过这个游戏,在尊重她天性的基础上,可以让她不再那么纠结于是非对错的概念了。

可笑的隐喻:此物和彼物有何相像?

隐喻和类比要求我们跳出标签字面的限制,这一步跨越对玛丽亚来说极具挑战性。火能够化金于无形。在玛丽亚不那么刻板固执的时候,玛丽亚的母亲会和她一起玩一个游戏,叫作"此物和彼物有何相像?"她们会轮流拿起房间里的任意两个物品,找出它们的相似性。比如说,如果你选了一棵树和一个人,你可以说,它们二者都有胳膊,树的根就像人的腿,等等。玛丽亚的母亲尽量使游戏变得轻松,甚至有点可笑。当她发现玛丽亚表现出纠结于表面含义无法自拔的征兆时,就会主动帮助她。渐渐地,玛丽亚开始能够较好地辨认出一些更加抽象的关系来(比如别人的感受),这表明她正在扩展她的"大人心"。

扩展"大人心":水的威力

当玛丽亚深陷困境时,她需要一个发泄口,跳出自己的金属笼。被困住了是一种可怕的感觉,我把它叫作"心智受困"。大脑的"小狗心"不由自主地将注意力局限在一个非常死板的角度上。要扩展"大人心",意味着要拓宽情绪经验,让孩子的注意力变得更加灵活,提高应对变化的环境的适应能力。金生水,水代表了生生不息的自然,在水面下,蕴藏着生命之外的时空的深邃秘密。

风水:关于空间的微妙的生态学

我们利用玛丽亚对环境变化的敏感来治疗她。风水是古代中国人利用环境来影响人的健康与运程的一种实践知识。玛丽亚说,当她卧室的一面墙被漆成红色时,会有助于她第二天早上从床的正确一边起来。我和她做个游戏,定期改变她屋子里东西的位置。她可以决定东西和家具移到哪,前提是这些变动都只是暂时的。让孩子意识到变化中有不变,这样她在面对纷繁的世界时,才不会迷失自己。事实上,凭借她敏锐的眼光,她学会了风水学,后来还能给我指出,办公室的物品该如何摆放。

时间的神秘

通过回顾玛丽亚小时候与父母在一起的时光,我们意识到,四岁时祖母的去世对她有很大影响。在此之前,她祖父就已不幸身故;当祖母去世时,玛丽亚努力去理解人为什么会死。之后很多年,死亡这个字眼一直在她心头萦绕,她把死亡描述为一种不公。我建议她的父母考虑让她加入她母亲加入的教会。作为一名医生,当我为他们的孩子开出的处方是宗教时,父母们总会觉得奇怪,但我就是这样为玛丽亚做的。面对这一新生的信仰,玛丽亚极为严肃,她母亲是位非常虔诚的信徒,很乐意把女儿引入这个领域。在教堂里,玛丽亚能够找到一套信仰体系和伦理规则，满足她的求知欲。事实上，玛丽亚的母亲还开始热情地向女儿介绍其他宗教，这让她在面对多样性的世界时，变得更加包容。

传统的力量

我还鼓励玛丽亚更加积极地参与到传统节日中去，尤其是那些带有时间印记的节日。我们如果丢掉这些传统，就意味着割断了与世世代代传下来的智慧的联系。像冬至日、圣诞节、逾越节这样的节日为人们提供了摆脱压力的一种途径，让他们在面对这纷繁复杂的变化时，找到一份安宁感。

虽然玛丽亚的祖母住在另外一个国家，但玛丽亚和她感情很深。每当她们去南美看望祖母时，玛利亚都有机会和祖母待一段时间，当她从祖母那里回来后，她和祖母之间的思恋深深影响着她在学校的交往能力。在与父母一起看着家里的老照片时，玛丽亚找到了安宁，这让她觉得不再孤单，对家族传统也有了新的认识。通过这种方式，玛丽亚对自我身份的认识也提高了。每当玛丽亚心事重重的时候，她母亲就和她一起重温家庭的快乐时光，讲讲故事，帮她敞开心扉，拓宽视野。同时玛利亚还可以练习如何架构一个好的故事，而不必拘泥于细节。

玛丽亚开始意识到，回忆是件很私人化的东西，我们每个人不可能以同样的方式记着同样的事情。认识到这一点，让玛丽亚坦然面对世界的差异和丰富，对别人的经历也有了更深的理解，世界观也不再是简单的非黑即白。

玛丽亚在很小的时候就喜欢上了阅读，当哈利·波特系列小说上市时，她会和我在办公室无休止地讨论每个人物的细微精妙之处。事实上，她能够说出书中每个人物是属于五类型中的哪一类。对于流行小说的兴趣，也让她更好地融入同龄人中。

水的作用

冬天对玛丽亚是个考验，屋子里过于干热，加之长时间不能外出，使她无论身体上还是心灵上，都变得极为敏感。我建议玛丽亚每天傍晚或学习前洗个澡，水里面放一滴薰衣草油，帮助她放松身心。我还建议她多喝水，因为充足的水分有助于肺部和皮肤的健康。

自然的神奇和细微差异

玛丽亚在户外待的时间越长,她就越放松。她喜欢去海滩度假,在那里她变得不那么固执刻板。她会热心地收集很多石头和贝壳,这让她对大自然的多样性有了更深的认识,而不再一味地吹毛求疵。她对于图案的喜爱,使她得以超脱简单的是非与黑白观念,描绘出物品形状和色彩方面的细微差异。

相信直觉

玛丽亚面临的最大挑战就是学会如何凭着直觉来认识事物,而非仅仅通过分析。这需要非常细致的训练。有研究已经表明,直觉可以帮助我们更有创造性地解决问题(Jung-Beeman et al. 2004)。玛丽亚的母亲有很强的直觉,她无法理解女儿为什么不相信自己的直觉。一次,玛丽亚的父亲买回一只小狗,鼓励玛丽亚参与训练它。这可以帮助玛丽亚学着感知动物的各种冲动,拓展她认识事物的角度。小狗天生就爱嬉闹,也促使我们去想象它的感受。当玛丽亚的父亲问"你觉得它要什么?"时,玛丽亚就要回答。在这个过程中,他们在真实世界里而非图片里探索动物的感受。玛丽亚的父母逐渐意识到,要让女儿展开想象,信任自己的印象,还需要多多练习。

玛丽亚的母亲开始和女儿玩一个游戏。她和女儿一起站在镜子前读书,让脸上的表情自然变化。当母亲看到女儿笑了的时候,她就抓住这个机会让女儿辨认这个表情,并问她:"你现在快乐吗?"渐渐地,玛丽亚开始在外在表情与内心感受之间,建立起深层联系。她还要猜母亲表情预示的感受,这可以让她更好地把自己的表情与母亲的表情联系起来。猜中母亲表情的兴奋,也鼓励她继续练习下去。

念诵

我意识到玛丽亚需要一种方式来探索自身的感觉,因此,我建议她和她母亲每天一起念诵,通过念诵,敞开心扉,让"内在信息"自然浮现。这个练习,可以释放内心随性的感受和不加思索的想法。一有机会,玛丽亚就会练习念诵,直接地触摸内心的直觉。她兴奋而精准地向我描述道,这种感觉就好像在海滩上发现了一个新贝壳。

梦境

与玛丽亚讨论她的梦境是另一种扩展她"大人心"的方法。玛利亚开始记录下她的梦,每个周日,她会和母亲坐在一起讨论这些梦的可能的含义。刚开始玛丽亚觉得挑战很大,但随着时间的推移,她对于梦境里似有所指的语言有了更多的了解。

探索世界

玛丽亚父母发现,旅行可以让女儿变得开朗活泼,并能改善她的注意力。当她还小时,玛丽亚不喜欢去陌生的地方,然而随着玛丽亚一天天长大,父母让她参与到旅行计划中来,让她更有主人翁的感觉。新鲜的经历有助于打破她的固有成见。避开一成不变的旅程安排,玛丽亚开始发觉,世界远比她想象的精彩。

掌控"大人心":木的威力

对于金的掌握体现在它与木的关系上。更多地意识到她对身边人的影响，对于发掘玛丽亚的深层自省意识，至关重要。木的威力在于教会我们如何渡过难关，达到目标。玛丽亚往往过于挑剔别人的处事方式，因此，学会从众对她来说，是个很大的挑战。

控制身体的运动

玛丽亚对她的合气道课程越来越重视，因为她发现合气道可以极大地缓解她的精神压力。她父亲和她一起上了这门课，发现这样的群体活动可以加强他们的父女联系。对于合气道班级的结构组成，玛丽亚尤为满意，对于她的进步，她也颇为自豪。随着时间的推移，玛利亚发现，在群体环境中，她更容易集中注意力。在与别人的肢体接触中，她更加意识到，她的身体有时会变得僵硬，让别人觉得不舒服。像舞蹈、瑜伽这样的活动，通过身体姿势的微小变化，可以放松身体，使她的身体变得不再那么僵硬。放松身体，舒展肢体，让她可以更容易地融入其他孩子中。

呼吸练习对于调节压力，克服紧张情绪，也很重要。肺与金相关，而肌肉与木相关。学会如何协调这些肌肉和呼吸，有助于身心的舒展和放松。让呼吸练习成为自省和冥想的一个有机部分,能够帮助玛丽亚与生命的基本节奏保持协调。

◆ **冥思练习步骤**

冥思可以站着完成,也可以躺下完成。

1. 开始时,让孩子进行若干次腹部呼吸。当他吸气时,肚子会膨胀(而非胸部)。当他呼气时,肚子放松(气体流出)。

2. 现在,让孩子想象他就是一座青山,坚定而稳固地立于地面上,山顶直指向天。当他吸气时,引导他感觉地球的重力直入腹部,他会觉得自己变得越发沉重而结实。

3. 当他呼气时,让他忘记天空,想象山上的树木正在生长。随着他的呼气,提醒他感觉身体越来越轻。

4. 当他吸气时,让他感谢大地使他变得如此健壮。呼气时,让他感谢树木使他终年得以笼罩在绿荫之下。

◆ **气功练习:站如山**

此练习最好在傍晚时(面朝西)饭前进行,但也可以在其他任何时间进行，有舒缓神经、提神醒脑的功效。

1. 在自然舒适的前提下，让你的孩子双腿尽可能张开，水平站立。双手置于臀部。让他想象自己是一座直冲云霄的高山。

2. 让他直视前方，但不要刻意盯着某一处。

3. 让他用腹部吸一口气（见第五章）。当他呼气时，向前弯腰，面部朝下。

4. 再次吸气，慢慢地抬起身子，轻轻地向右转。屏住呼吸，感觉身体的柔韧程度。保持微笑。

5. 随着呼气，引导他放松身体。手还放在臀部位置，让他轻柔地向后转，向前弯腰。再次吸气，身体向左转。

6. 刚开始可以让孩子只做一两次呼吸练习，几周后，可以增加到二十五次。在他练习时，让他全神贯注于身体的姿势和气流的呼吸。

扩展同情心

最终，玛利亚会知道，这个世界不是只有一成不变的规则，还有变化的情感。能够看懂别人的眼神，就能掌控好"大人心"。通过让玛丽亚扮演不同角色，让她得以体验不同的观点。她记忆力很好，又记得住细节，很有表演天分。于是，她参加学校的戏剧社，她母亲利用这个机会让她学会"感受"不同的人物。

通过比较今天与明天情绪的差异，玛丽亚的视野得以拓宽。这样的练习让她开始思考，为什么在特定的场景下，她会有特定的反应。这样，她就能够预知自己何时会陷入困境，在面对困境时也就能够不那么慌乱了。在一个可控的社交技能训练团体里，玛丽亚得以体验更丰富、更独特的情绪，这样她也能更好地应对冲突。

接纳多样性：成为一个真正的仲裁者

以下这些活动，父母、老师和医生都可以采用，来发挥金孩子的强项：

- 解释"变化"和"探险"的含义。
- 描述出三种变化有益的情况。
- 编个故事，要有尽可能多的结尾。
- 为一项活动制订行程，并将它付诸实施。比较你在制订行程和实施过程中的感受差异。
- 社会行动：想出三个能够让世界变得更好的方法。

- 想出一个办法,以便在课堂上做出公平的决定。
- 为一个活动绘制一个决策树,标出不同选择及其后果。请举出三个不同的例子。
- 家庭成员度假期间,每天走出自己的住处,去体验些未知的事。换言之,没有计划——就是走出房间,看看外面发生了什么。
- 阅读有名的探险家、发明家和企业家的传记。

教育金孩子

为玛丽亚找到合适的老师,一直都是个问题。学校有很多的规矩和要求,有其刻板之处,难免会与玛丽亚的要求发生冲突。仅仅应对不同的教学风格,对于金孩子就已经是一个巨大的压力了,更不用提与日俱增的学业压力和社会压力了。如果有一位老师,能够欣赏金孩子对于图案的热爱以及他们的审美感,那就太珍贵了。最好在开学前和老师见见面,让他们了解孩子的特定的学习风格。当确认了金孩子的兴趣,老师可以想办法让她放松,享受学习的乐趣,从而更加有效地学习。

金孩子常常困于细节之中,因此老师要多加鼓励,让他们更多地关注到事物间的关系和结构。运用比较和类比，可以有效地提高金孩子对抽象概念的理解，从而提高他们解决问题的能力。甚至学一门外语也有助于孩子对于世界多样性的理解（"你是说，说一样东西有很多种说法？"）。很多金孩子天生对于自然和数学有亲近感，老师可以进一步强化他们这方面的兴趣，从而提高他们的自信。

正如每位父母都要学会面对孩子与众不同的特性一样，对于老师来说，他们也要意识到每个孩子的习惯。这很重要。如今的老师都背负着很大的压力，要满足教育上具体的要求和标准，这会极大地限制他们的创造性，也会给金孩子的生活增加很大的压力。在一些无关紧要的做事方法上强迫固执的孩子，是没有什么意义的。首先要学会放手，放松孩子的心情，才会让他们变得更加灵活。木气质的老师需要知道，对一个背负压力的金孩子继续施压收效甚微，甚至毫无功效，惩罚他们只会让他们越来越固执。如果老师能够事先做好充足的准备，为孩子提供清晰的指示，以及持续的积极的反馈，他们会获得更多的尊重。

金孩子的老师要注意孩子在社交关系上的发展。同龄人是孩子安全感的一个重要来源，能够培养孩子的宽容心和同情心。对于金孩子而言，比起教他们阅读或写作，在他们的童年鼓励他与同龄人建立坚固的友谊,对他们后来的学习的影响更大。每天都会有很多问题发生在老师视线之外,因此我们需要对操场上,公交上的"自由时间"的活动多加关注。在这些地方,金孩子的压力往往最大。

玛丽亚变得专心

在短短的几年里,玛丽亚取得了很大的进步。随着她信心的恢复,她变得不再那么刻板固执,无论是在学业上还是社交上,她都取得了成功。最近她在学校还成立了一个科幻小说俱乐部,与其他成员一起组织活动,乐在其中。在武术练习方面,她的技术等级也在攀升,最近她还参与到竞技类游泳中去,并因为跳水而获奖。通过努力,她获得了几份坚实的友谊,她也理解了妥协和信任的价值。她也一直认真对待针灸治疗,并坚持学汉语,还经常纠正我对于针灸穴位的读音。

下面这个故事,说的是一个金性格的少年,如何发挥自己的能力创造梦幻般的成就。

The Metal Child ｜ 金孩子

布雷特（Brett）：一个患有多动症的金少年

布雷特第一次到我这时，才十四岁。当时他正承受着严重的抽搐之苦，在高中的第一年就有多门课挂科。在青春期开始时，他的身体抽搐越发严重，他看过一些专科医生，针对他的强迫症状，正在服用一种抗抑郁剂。他的父母想用自然的方式，来治好儿子的抽搐症和注意力问题。在我与布雷特第一次见面后，他很开心地得知他是金性格的，因为这是第一次有人认可他的风格，而不是把它看作一个问题。我欣赏他的幽默感，他对此尤为喜欢。他曾经试着记下蒙提·派森（Monty Python）戏剧团体的所有短剧，每当谈话沉寂时，他就会趁机抛出一句台词。

一开始，我教他做一系列呼吸练习，让他注意呼吸的节奏，感受身体的存在。接着，我对他施以针灸，以平衡他体内的金木冲突。对于针灸所产生的强烈刺激，他似乎挺享受。我趁机让他把注意力放在这种稍纵即逝的感受上。我还向他介绍了一些魔术，他很快就爱上了。他玩得非常好，这让他在学校里很受欢迎。当他大了些后，他甚至主动去为残疾小孩表演，逗他们开心。让大家高兴的是，他很有表演天分，而且当他表演时，他所有的抽搐症状似乎都消失了。

布雷特自小就一直受慢性便秘之苦。对于金孩子而言，卡在排便这一关卡的大有人在。要让他们多喝温茶，少喝冰的苏打水，不要吃过度加工的食物，这样有助于肠胃的蠕动。也可以服用亚麻油和月见草油（富含欧米伽-3脂肪酸），增强肠、肺、脑的功能。顺势疗法对于缓解他的抽搐症状，减少发病次数，也极为有效。健康的肠道功能对布雷特的情绪和注意力大有益处，让他如释重负。

此外布雷特还饱受糟糕的睡眠之苦。如果他的日常生活周期被打乱，或白天的事情没像他计划的那样进行，他晚上就会睡不着觉。他开始服用小剂量的褪黑激素（1毫克）帮助他入睡。梦的周期对于副交感神经的"休息与消化"格外重要。充足的睡眠和适度的做梦时间，使得他醒来后更加精神，不再陷入疲惫的恶性循环。做梦是我们借助于暗喻，把不同的经验加以整合的一个重要过程。布雷特发现，只要他的肠胃蠕动正常，晚上又睡得好，他的抽搐症状就会消失，在学校也会更容易集中注意力。这听起来有些不可思议，但就是这么简单的办法，让他最终摆脱了对药物的依赖。

布雷特接着开始真正地挑战自己。他对交朋友越来越有兴趣，于是加入了一个青少年团体，一起在西部各州旅游。这极大地增强了他的信心，让他意识到自身有能力应对未知的挑战。布雷特现在上了大学，学习哲学，希望成为一名律师。

拥抱金的美德

在我们生活里，金扮演着极为重要的角色，其作用体现在为纷繁的变化（火）带来秩序，让我们作为一个团队一起工作（土）。金是矩阵，是模型，我们通过它来理解外部世界的神秘（水），最终为我们提供指引，让我们达到我们的目标（木）。很多最伟大的科学家都拥有金的特性，比如查尔斯·达尔文（Charles Darwin）、路易·巴斯德（Louis Pasteur），他们都刻苦勤奋地研究生活中的秩序和模型，让我们对我们生活的世界有了更多的认识，从而更好地掌握自己的命运。

方法小结

- **满足"小狗心"**：使用土的策略，比如按摩、使用类比、阅读情感、烹饪、花艺、歌唱等，来促进联系。

- **训练"小狗心"**：借助于火的策略，比如幽默、表演、感官整合、信任直觉、"我发现了新东西"游戏、愚蠢的比喻、"傻错误"游戏来训练注意力。

- **扩展"大人心"**：水的策略可以帮助我们探索未知，可以试着研究神秘现象、宗教、魔法、记录梦境，以及游泳。

- **掌控"大人心"**：利用木的策略来鼓励运动，比如呼吸练习、反思自我的身体语言如何影响别人、旅行，以及能够使你真正成为一个炼金术士的其他活动。

第十章
水孩子
The Water Child

杰克（Jack）的故事

当我第一次看到杰克时，他还是个九岁的小男孩，骨架很大，大大的脑门，挂着黑眼圈，脸上带着羞怯的神情，似乎在纳闷为什么要带他来见我。他母亲对于杰克的浑然不觉非常生气，她带杰克来就是因为他不愿意去上学。孩子的老师曾向她抱怨，杰克几个月都没有交作业了。他母亲说，儿子对学习的兴趣已经丧失殆尽，他的老师已将他转给学校辅导员，因为她发现杰克看起来很抑郁。

杰克的母亲说，儿子生下来就显得老成。她告诉我，在家里,他总是独来独往,脾气有些坏。作为一个男孩,他会独自在房间玩他的玩具恐龙,一玩就是好几个小时。在他三岁时,家人曾带他评估过他的语言和听力,因为他似乎总是沉迷于自己的世界里。到他六岁时,他的语言能力终于赶上来了。因为害怕他可能会有癫痫,他还被送去看过神经科医生,但对他脑部扫描显示一切正常。因为精神萎靡,杰克也曾数次去看过儿科医生,但诊断显示没有异常。杰克的父母于是开始在健康食品店购买维生素片供他服用,但似乎没什么起色。当他们告诉医生说,孩子正在努力想把功课赶上时,医生建议说,杰克可能患有某种注意力缺失障碍症。

对杰克来说,最大的挑战就是时间。他总是拖拖拉拉。他母亲对我说,别人催他时,他的速度就更慢。她担心儿子变得越来越孤僻,整天只会待在房里读那些关于魔法和巫术的书。

在与杰克父母的会面中,我和他们讨论了杰克这种内省深沉的性格。他们都认为,儿子像是水气质的孩子。水孩子有自己独特的节奏,班上其他孩子似乎都无法适应。我们一致认为,如果他的问题没有得到妥善应对的话,杰克可能会有精神错乱和抑郁的风险。在随后与杰克的会面中,杰克坐着,看着五类型图谱,似乎有些心不在焉,一直保持沉默。

正当我准备打断沉默再次问他认为自己属于哪一类型时,他脱口而出:"我是个水孩子。"于是我们一起制订了如下治疗对策。

水孩子的解决之道

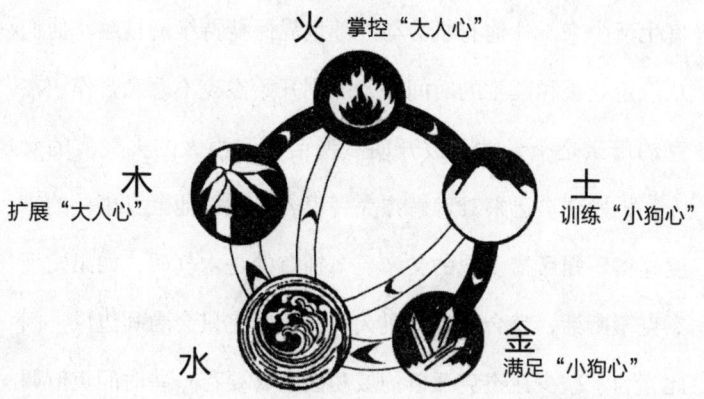

满足"小狗心":金的威力

因为觉得太过匆忙,没有时间进行他想要的那种思考,杰克注定没有安全感,但它以一种特定的方式体现出来:孤僻和冷漠。如何让水孩子在走出自己的世界时更有安全感,对任何父母来说,都是一个艰巨的任务。金生水,好比高山中流出清泉。第一步是要确保杰克成长环境的连贯性,这是金发挥威力的地方,而这意味着杰克的父母需要改掉他们自身的习惯。自打杰克还在襁褓之中,家里就一直没有条理,杰克的兄弟姐妹吵吵闹闹,让杰克更深地陷入自己的世界,在成长的早期错过了与别人交往的机会。

他的父母一致同意,有条理的日常生活会让杰克回到家庭生活中来,让他有机会与外部世界保持持续的接触。他们从规定吃饭和睡觉的时间开始。刚开始杰克不愿意合作。杰克的母亲是个天性活泼开朗、说话声音很大的火气质的女人,她发现自己很难理解杰克,很容易就被他置身事外的态度弄得不知所措。他的父亲更多拥有的是木气质,如果发现杰克不听话,就会对他大吼大叫,但杰克只会当耳边风。因此,为了减少让杰克孤僻的威胁因素,要花一些时间重新调整他父母的习惯的反应。

我们意识到,杰克之所以不愿意合作,是因为他完全没有时间概念,因此我请他和他父母一起玩时间游戏(见第五章)。让杰克对自己的活动计时并记录下来,他就有机会以一种更有效的方式,意识到时间的流逝。通过这样的游戏,他开始变得更加愿意接受家庭的日常作息习惯。

杰克开始通过秒表来对每件事情计时,这个习惯让他根据时间来安排一天的活动,而不会陷入水孩子沉思的迷宫之中不可自拔。他母亲开始问他什么时候吃饭或者睡觉，这样他就成了母亲的助手。母子间的关系更密切了，也使他可以帮助母亲把作息习惯坚持下去。仅仅让杰克的日常作息更有规律，就改变了杰克的态度，也让他精力更加充沛，白天也不再那么消极了。

全家人开始一起在家玩巨大的拼图游戏。这个游戏需要几周才能完成，杰克很喜欢这一点；和家人一起玩，也让他与别人保持了联系，也更加专注于图案。在和他的兄弟弗雷迪——一个水孩子——一起玩牌时，杰克的牌技日益见长。他越来越擅长辨认图案，赢的次数越来越多，这让弗雷迪很生气。我们通过很多不同的游戏，发展他的识图能力，这改变了他认知事物的方式。他不再一味追求深层含义，而是学着首先看看总体情况，了解其大概。他父母利用他对魔术的兴趣，引导他接触科学，在他生日时，给他买了一套化学实验装置。他会和他父亲一起，像两个疯狂的科学家一样，花几个小时一起做实验。

我建议杰克进行互动节拍疗法，它可以训练身体运动的节奏。有了节拍器的练习，杰克开始对音乐产生了兴趣，第二年他开始学弹钢琴。他告诉我，每当他觉得压力大时，他就会弹钢琴来放松自己，钢琴的旋律让他更有安全感，也锻炼了他的注意力。随着时间的推移，他的音乐品味也在不断拓宽，从节奏布鲁斯到爵士乐都有尝试。

训练"小狗心"：土的威力

土引导水的流动，其威力体现在背景和网络。训练"小狗心"，是指利用积极的反馈，为水孩子创造更多参与的机会，提升亲密感。杰克的一个大问题是不大会与同龄人交往。他显得古怪而不合群，而他自己对此浑然不觉。其他孩子会觉得，他对他们不感兴趣，但事实上，杰克非常渴望交到朋友。因为觉得外面的世界很可怕，他选择回到自己的屋子，沉浸于阅读之中。慢慢地，他开始在家里有了一位同学作为玩伴，这样他可以学着把自己的秘密与另一个孩子分享。土的威力正体现在此。与朋友建立一段令人放心的友谊，让杰克更加渴望上学，在课堂上不知所措时，也更有安全感——他只需看看他的朋友怎么做就可以了。

一起就餐

杰克家新的作息安排中，有一条就是不允许边吃饭边看电视，因为这只会让孩子更加脱离现实。与父母一起做饭、吃饭，可以让杰克更好地参与到家庭生活中去。杰克刚开始时会带本书到餐桌上去，他的父母没有阻止他，而是鼓励他介绍自己正在读的书。这促进了双方进一步的交流。这种交流才是一起吃饭的深层意义。杰克和父亲开始自己编神话英雄的故事，这让他开始期待一起吃饭。父母都赞赏他想象力丰富，于是杰克开始发展他讲故事的能力，也就开始学习在人物行为和心理之间建立关联。

因为过分沉迷于自己的世界，杰克常常忘了吃饭。这是水孩子与身体内部节奏脱节的典型例子。按时吃饭，有助于维持基本的神经联系，而这对于学习是颇为重要的。要提高这方面的意识，我把"我饿了1—2—3"这个游戏教给了他（见第五章）。

早餐对于杰克来说尤为棘手，哪怕昨晚睡得很好，早上起来时他也总是很困，一点胃口也没有。当他进入青春期后，这种情况越发明显了。我建议他从现在开始每天早晨喝一杯蛋白质奶昔。杰克更喜欢喝加了咖啡的绿茶。我向他父母解释，这是刺激他的大脑清醒的一种方式。甜品也会让他兴奋起来。虽然我们常会听到这样的告诫，患有多动症的孩子吃甜品绝对没有好处，但本书的主旨是避免对于小儿多动症做绝对的判断。"适度就好"，意味着天然的有机甜食（水果等），要优于加了糖的不健康食品。

少就是爱

一开始，杰克的父母对于孩子的冷漠天性感到非常忧虑、沮丧，他们曾就此看过儿科医生，医生建议给他服用抗抑郁药，但他母亲看到服药的所有风险警告后，就被吓坏了。于是他的父母就不得不小心翼翼地在孩子与外界接触和拥有隐私之间左右权衡。记住一点：爱他就要学着放手。过多的干预只会让孩子更加冷漠。

一个较为合适的做法是与杰克多进行肢体接触，只要坐在他旁边，就有可能开始交谈。但杰克的父母要知道，他们不能强迫杰克谈论自己的问题，如果一味地逼迫他，只会制造更多的紧张，孩子也会对家长关闭心门。土太多，水就会变浑。杰克的父亲发现，只要和孩子在一间屋子里看书，就足以在父子间建立起联系，从而最终帮助杰克与人接触。杰克的母亲也惊奇地发现，一家人一起坐车出去长途旅行，对于打开杰克的心扉，也颇有效果。

按摩

要把杰克的注意力拉回到这个现实世界,身体接触是很必要的。我教了杰克的母亲一套深层按摩技术,它从按摩足底开始(水的穴位),一路经过腿和背,达到放松肌肉的目的。每天晚上,她都会在温水中放一滴迷迭香精油,并在按摩前滋润双手(见附录)。杰克花了很长一段时间才适应这些按摩,他母亲也不急着催他。在这里,"少就是爱"的意思就是不要催促。

做水孩子的土父母

作为照顾孩子的一方,父母们在一定程度上都是土气质。想象一下水孩子的感受吧,他的力量就在于思索生活中的神秘。试想如果你过分地闯入他的世界,会有什么样的影响。当你的孩子被迫接触外面的世界,他心里的恐惧会有多大。要警惕你对孩子的过分要求,对于孩子喜欢独处,不要心存不悦,要注意你的语气和肢体语言如何影响他的行为。试想当你带着爱和关心走进他的世界,和他一起面对外面的风雨,他会有何感受。只有这样,才会开启真正意义上的交流。

扩展"大人心":木的威力

正如沉寂的冬天过后是春天一样,对于水而言,其天然的出口莫过于木。木代表着行动和运动,杰克的孤僻就是求救的信号,表明他的不安全感。帮助杰克锻炼身体有助于帮他回到这个现实世界。他开始练习武术(金的结构和木的运动)。他父母几乎立刻就发现,这项运动提高了他对视觉信号的注意。随着时间的推移,他们还发现,不用再反复地催他做什么事情。当我们把他送回学校时,老师发现他走神,就让他做三次开合跳。我们开始鼓励杰克每天走路上学。刚开始他走到学校会迟到,但最终,在大家的激励下,他学会了更好地判断时间。

回归自然

虽然居住在城市里,但杰克的父母开始在周末陪他去散步。事实上,他们对此都十分喜欢。扩展"大人心",意味着体验多样的感受。自然的环境有助于激发杰克的兴趣,让他与周围的世界更好地联系起来。随着经验的积累,他也越来越擅长对比自己在不同环境下的情绪。杰克报名参加了当地一个自然保护区的夏令营,很快就迷上了蛇和昆虫。事实上,这是我们会面时的一个热点话题,成为他与我交流的一个切入口,他会告诉我关于这个话题的很多有趣的事实。渐渐地,杰克能够把他想象中的世界与他在自然中的探险联系起来。他喜欢玩一个游戏,专门讨论他心爱的书里面的人物在他所处的处境下,会如何行动。

在五类型对应图中,木的威力与视觉相关,它代表看见前方道路的能力。我建议杰克进行视觉疗法。他开始戴上特殊的棱镜眼镜,看上去就像个小教授。他声称这让他在课堂上看得更清楚。

电子游戏和水孩子

数字技术可能对很多孩子都很有吸引力,但不是所有孩子。我发现数字技术事实上可以帮助训练水孩子的注意力。研究已经表明,电子游戏可以提高一些孩子的空间意识(Spence and Feng .2010)。虽然对于水孩子而言,沉迷于电子游戏的世界——尤其是那些包含有神话虚拟人物的在线游戏——的风险一直都有,但我们发现,在做作业之前,花二十分钟来玩游戏,可以让杰克在思想上做好准备,应对后面的脑力劳动。

火孩子　水孩子 | FIRE CHILD　WATER CHILD

掌控"大人心"：火的威力

要想掌控好"大人心"，就要知道如何使用自己的能力。对杰克而言，这意味着首先要欣然接受他的水的力量，学着把自己的注意力向外转移。然后，他要意识到自己的行为对他人的影响。火代表了欢乐、变化和热情。杰克逐渐意识到，他的愤世嫉俗和过于消极的倾向，往往会扫了周围人的兴。学着如何不做一个令人沮丧的人，有赖于在一个社交团体中的锻炼。杰克利用自己的内省力，反思自己的行为，开始学着根据不同情况调节他严肃的态度。这非常具有挑战性。他首先要学会通过别人的视角看问题。

看手势猜字谜游戏

杰克开始和家人玩字谜游戏，后来和朋友一起玩。他学着在团体中玩游戏，不断调节自己的肢体语言，以便与他的搭档沟通。杰克喜欢为"魔法大荟萃"这款游戏收集卡片，还充满兴趣地与朋友们一起参加了当地的游戏比赛。在游戏中，巫师们互相交战，乐趣就在于如何与你的组员合作好。这些游戏包含一定的运气因素，意识到这一点，杰克的心情变得开朗了,这意味着他吸收了火的威力。虽然他的父母有时会担心他过于沉浸在这些游戏当中,但通过游戏带来的人与人的互动,当然要好于一个人待在屋子里。(顺便提醒父母一句:水孩子较为阴郁的兴趣,使他们易于被潜在的危险团体盯上,尤其是如今,各种在线社区触手可及,因此父母们要对此保持高度警惕。)

唱出来

水与火位于五类型的两端,截然不同。水是暗黑而严肃的,火则是明快而灵动的。我们让杰克通过唱歌来培养火感。他的父母告诉我,有一次他们在缅因州度假,围着篝火一起唱歌,当时他的儿子与平时判若两人,心情非常好,唱得很大声。杰克长大之后,他对音乐的兴趣是点燃他内心激情的极好的办法。他加入了一个乐队,还一度成为乐队的主唱,写出了许多很有深度的抒情歌曲。他的母亲对于音乐在杰克身上产生的影响非常欣喜,并告诉我,音乐改善了儿子的心情,提高了他的注意力。杰克说,即使只是在上学的路上听听音乐,也会对他一天的注意力有积极的影响,他还知道有些风格的音乐会让他变得积极,而有些会让他变得消极。

能够体察自己的心情,对他来说非常重要。这些年来,他还会定期来找我做针灸,和我一起进行冥思练习,激发他大脑的创造力。

◆ **冥思练习步骤**

该练习可以坐着或躺着完成。

1. 首先,让孩子进行几次腹部呼吸,随着他的吸气,他的肚子会膨胀(而非胸部)。随着他的呼气,他的肚子会松弛下来。
2. 现在让孩子想象自己是一片蔚蓝的深海,辽阔无边,充满着神秘。随着他吸气入肚,让他感受从远方白雪覆盖的群山上流淌下来的溪流注入大海,随着吸气,让他感受身体的重量的增加。
3. 呼气,让他的呼吸升至海面,形成波浪。随着他的呼气与吸气,让他尽量做到波澜不惊,这样海面才得以反射日光,映照天空。
4. 随着他的吸气,让他默默地感谢山上的溪流,让它变得如此宽广。随着他的呼气,让他感谢在如镜的海面上跳跃的阳光。

◆ **气功练习：站如海**

此练习最好于睡前进行（面朝北方），但也可以在任何时间练习，有助于舒缓精神，促进睡眠，对于肾上腺及肾脏的恢复，也不无裨益。

1. 在舒适的前提下，让孩子双腿尽可能地分开，双脚平立于地面，想象自己是一片大海，浩瀚无边，深不见底。
2. 面向前方，但不要盯着某一处。
3. 自然站立，双手放于两侧，进行腹部呼吸（见第五章的腹部呼吸练习），双手举过头顶，手心向前。随着呼气，让他缓缓地向前弯腰，双手努力够到脚踝。
4. 再次呼吸，慢慢地起身，双手沿腿部一路向上，抓住后腰，手指朝下。略微向后弯腰，面朝上，可以稍微拉伸肌肉，但不要拉伤。保持微笑，默默地感谢供你站立的大地。
5. 现在，让孩子呼气，身体放松。随着呼气，身体直立，再次将身体慢慢地前倾，胳臂下垂，够到脚踝。
6. 刚开始时，做一到两次呼吸练习，数周后，可将数目予以增加。在练习时，引导孩子把注意力放在身体的位置和呼吸的运动上。

顺势疗法

杰克对于顺势疗法的反应是令人吃惊的。顺势疗法是指把某些药剂进行高度稀释（水的威力），服用后中和病症。虽然对抗疗法认为这种治疗手段是无效的，但对于孩子而言，如果是由有经验的专业医生开的药方，还是很安全的。具体到杰克的例子，只要一剂量的氯化钠，就会极大地改善他的心情和注意力。这也成了他的保健疗法。另外，很多小儿多动症的案例，我都使用过顺势疗法。（见附录：五类型顺势疗法。）

接纳多样性：成为一个真正的圣贤

以下这些活动，父母、老师和医生都可以采用，来发挥水孩子的强项：

- 解释"直觉"、"光"、"爱"的含义。
- 解释"灵感"和"原创"的含义。
- 在一周内，计划做三件好事。
- 给出三个魔法的例子。
- 阅读胡迪尼（Houdini）、列奥纳多·达·芬奇或鲍勃·迪伦（Bob Dylon）的传记。
- 探索讲故事的魔力。用充足的戏剧性和丰富的表达来练习讲一个故事。
- 研究神话、传奇、民间传说和寓言，并把它们讲给家人听。

教育水孩子

学校的环境对水孩子而言，往往是最大的挑战。我发现水孩子总是早早就被建议进行特殊教育，因为他们看上去比较迟钝。对任何希望推动班级进步的老师来说，水孩子的冷淡都是令人泄气的。找到一位能够"赢得"水孩子心的老师，困难不小。水孩子常常错过了学习的基础部分，他们需要私下里补上这些基础知识，才能迎头赶上其他人。

能够感知到水孩子独特兴趣的老师，会鼓励他们参与到课堂中去。家长需要为孩子发声，让老师知道孩子独特的兴趣。金气质的老师可以营造完美的课堂气氛，支撑孩子的安全感，激励他对科学探索的热情。然而，这种金气质需要像脚手架一样，给予孩子自由探索的空间，而不能成为禁锢自由的笼子。土气质的老师不会因为孩子的创造性想法而生气,他会以温和友爱的方式,将他融入团体之中。他会成为孩子的楷模,为孩子设定目标,让孩子一路向前。火气质的老师可以调动起班级的气氛,让水孩子敞开心扉,保持注意力。然而,不幸的是,学校可能并不是适合水孩子生长的理想之所。我发现,对这些孩子而言,最好的学习方法是学徒制。我们人类几千年来一直都是采取这种一对一的方式学习的。这种另类的学校教育,往往不是父母们的首选,但它能提高孩子的自尊心。总之,无论采取何种方式教学,最重要的一点是欣然接受孩子的古怪之处,并认识到他们需要付出巨大的努力才能融入主流社会。一旦孩子的自信被摧毁,再想使他走出来,可要花很长的时间。

杰克变得专注

杰克从他的水身份中找到了意义。这证实了他一直以来能感觉到但无法解释的东西。得知自己的天性并非病态,让他如释重负。多年以来,我们之间建立了牢固的治疗关系。在帮助他掌握他的"大人心"的过程中,他认识到我对他内在智慧的深深敬意,对自己也更加有信心了,这种感觉帮助他与世界进行沟通。在情境中感受世界,使他获得了更广阔的视野。在我的办公室里，我们可以以玩笑的口吻谈论他的健忘，认为那是"水因素太多"的缘故，而不把它看作什么可怕的东西。到九年级时，杰克已经发现有一小群孩子，和他一样有着不拘一格的兴趣。他开始在他曾参加的社交技能课堂上充当志愿者。通过与这些更年轻的孩子共事，他对于自己早些年面临的挑战，以及他如何历经艰苦走出阴霾，有了更深刻和全面的认识。他的成绩已经有了起色，虽然他的母亲依然还会抱怨说，孩子有时依然喜欢待在自己的空间里，但她还是为孩子的进步感到由衷的自豪。杰克对于心理学已经产生了热情，她母亲认为，他将来会成为一位很棒的治疗师。

下面这个故事，讲的是一位水类型的青少年，如何找到一条回到社会的方法的故事。

萨沙（Sasha）：一位患有多动症的水孩子

萨沙第一次来向我咨询时，才十三岁。听取一位精神科医生的建议，服用治疗小儿多动症（不专心类型）的刺激药物之后，她最近一段时间变得极为消沉，甚至产生了自杀的念头。当萨沙五岁时，她的母亲——一位私立学校的老师，单身离异——就已经知道，女儿与别的孩子不同。她担心女儿无法适应公立学校的制度安排。萨沙做事总是慢条斯理，早在她一岁时，就表现出惊人的想象力，乐于活在她自己的世界里。她似乎对音乐有着惊人的记忆，对于数字也很热爱。从幼儿园起，萨沙的母亲就把她放在一所强调亲身实践学习的非传统学校里。但到二年级时，她再也负担不起私立学校的学费，于是萨沙进入了公立学校体系。

萨沙从没有对其他孩子真正产生过兴趣，在接下来的八年里，她独来独往，在学校里漂着，望着窗外发呆，或是自己编些歌来自娱。她的母亲责怪学校让孩子对功课丧失了兴趣。在家时，她总会鼓励孩子发展在音乐和数学方面的独特的天分。她承认她会经常帮孩子写作业，但只是为了让她赶上班级进度。一进入中学，萨沙就彻底垮了，在与学校无数次的会谈之后，萨沙的母亲最终同意带孩子去看精神科医生。医生诊断萨沙患有注意力缺乏障碍，为她开了一种刺激药物，但很快就在萨沙身上产生了极端反应，于是萨沙就停了药。自那以后，萨沙的心情一直都是阴郁的，她母亲甚至都不再考虑换一种药物试试。之后，她找到了我，希望能够找到一种不一样的方法，帮她的孩子在现有体制下生存下来。

在我们谈论金木水火土这五行的过程中，我注意到，当我谈到水孩子时，萨沙母亲的脸一下就亮了。后来我单独会见萨沙，我甚至还没有向她解释完五行，她就知道自己属于水孩子类型。

在为萨沙制订对策的过程中，我们一开始使用金的常规模式，来保证她的安全感。在五类型中，我们认可了萨沙独特的水类型，仅此一点就对萨沙和她母亲产生了深刻的影响。在我们之间形成了这样一种氛围，萨沙应该被理解，而不是被贴上什么病理标签，这在我们之间建立了一些信任。虽然她母亲经常开玩笑说，萨沙就像一个典型的"走神的教授"，但她们俩都很清楚，要想让萨沙的才能予以发挥出来，她需要不那么走神。我教萨沙的母亲辨认出暴露孩子内心不安全感的迹象：孩子越来越孤僻。发挥金的威力意味着在家里形成一套日常作息安排，她的母亲（金气质）对此极为认真。萨沙也欣然认为，自己需要更有条理才能把事情做好。她母亲制订了日程表，规定了做作业、吃饭，以及就寝的时间。这个日程表并不紧，依然为萨沙留下了供她发呆出神的时间。我鼓励萨沙利用自己的空闲时间来发挥自己对音乐的热爱。她开始创作一些很棒的歌曲和很有内涵的小诗，每次和我见面时，都原原本本地带给我看。

萨沙开始定期做针灸。因为她非常害怕打针（对于未知

火孩子　水孩子 | FIRE CHILD WATER CHILD

事物的深深的恐惧,这在水孩子身上是一种常见现象),我们一开始是用音叉来刺激穴位,提升她对身体的意识。通过她猜音叉何时停止鸣叫的准确度,我们估计出她不安的程度。这为测量她的压力值提供了非常具体的依据。接下来的几个月,在我们的耐心努力下,我们之间形成了一种信任的关系。最终,萨沙同意让我使用针来进行针灸。针灸对她的注意力产生了显著效果。我向她解释选择这些穴位是为了平衡土、水、火的关系,帮她对治疗目的形成清晰的概念,让她专注于自己身体感觉的变化,而不是坐在那里无所事事地发呆。一开始,她都没办法告诉我针扎进去了没有,但随着她越来越放松,对身体的感受越来越敏感后,用她的话说,她热身需要的时间越来越短了。几周后,她的老师和母亲都看到了萨沙注意力的变化,她对于周围的事情越来越关注。我们通过训练她把注意力从心灵转移到身体,继续强化这个效果。意识到注意力的转移,让萨沙感到自己更加真实地活在这个世界上。我鼓励萨沙,有可能的话,积极参与到家庭的活动中去(土)。后来,她被分配负责照料家里的狗,她对此事投入了极大的热情(火)。

她的祖父母在森林里有一块地,在她进入高中第一年的那个夏天,她和她祖父一起花时间翻修了他们的小屋。这次亲近自然的活动（木），为她训练注意力提供了一个很好的途径。每逢有时间，萨沙就会去小屋看看。大家注意到，当她从小屋回来时，她变得神清气爽，对生活也更有热情。

我建议她进行理疗，帮助她调节体内平衡，促进神经系统内气流的流动。骨与髓对应五行之水，所以这种治疗方法还可以提高萨沙的注意力。在她觉得压力格外大时，她开始服用具有水性的中药以及能提升肾上腺功能的草药（红景天、南非醉茄等）。L-酪氨酸对于提高她早晨的注意力也有帮助。

到她高三时，音乐已经成为萨沙日常生活的一个重要部分。她开始上钢琴课，这提高了她对时间和韵律的注意力（金）。很快她又学了吉他和口琴。随着她音乐趣味的日趋广泛，她开始对不寻常乐器的收集和演奏产生了浓厚兴趣（火）。那一年，萨沙应邀参加了一个摇滚乐队，她第一次发现自己与众不同的写歌才华得到了大家的承认。

当萨沙的成绩又开始下滑时，我们发现，她迷失在互联网这个巨大的世界里了。她晚上很晚才睡，沉浸在各种有趣信息的海洋里。让她戒掉上网的习惯需要严格的监督，她母亲又开始给她安排更多的体力项目。

萨沙还开始在数学方面崭露头角。数学对她来说，似乎总是很容易。因此，我建议她与学校的数学系走得更近些，以提升她这方面的能力。在数学系，她获得了很多的支持和鼓励，增强了自信心，也确定了人生未来的方向。

萨沙与注意力的斗争最明显地体现在写作中。在高中时，虽然她可以写出很漂亮的诗，但她要写出长篇作文，却无异于一场搏斗那样辛苦。她有很棒的想法，但似乎无法把它写下来。她坐在桌前，盯着白纸，一坐就是几个小时。我建议她一开始可以把想法录下来，然后再写在纸上。她母亲帮她按顺序组织材料。事实上，萨沙开始喜欢录下自己的声音。这也提高了她的公众演讲能力。

她喜欢与我讨论五行，我们甚至打算以此出本漫画书，书里有五位超级英雄，代表着金木水火土这五种能力。也许将来某一天，这会成为另外一本书。

今年，萨沙从高中毕业，进入大学，她将学习理论物理，虽然她告诉我说，她会把她所有的乐器都带上，以防她将来想当一名摇滚明星。

The Water Child | 水孩子

热爱水孩子

要把你的水孩子当作你的导师，他们就像尤达大师一样充满智慧。要发现水孩子异于常人的举动背后的幽默，这样能让你开怀，增强你们之间的感情。记住：作为一个水孩子，生活在这个充斥着社会关系的疯狂的世界，是一件很不容易的事。水的深邃让我们想到生命的奥秘。我们离了水无法生活，就如同没有意义的生活让人空虚一样。当水孩子变得专注时，他会迸发出极为丰富的想象力和奇思妙想，彻底改变我们的世界。我们中间一些最有原创性的思想家，他们都是拥有水性格的人，比如阿尔伯特·爱因斯坦（Albert Einstein）、西格蒙德·弗洛伊德（Sigmund Freud）、列奥纳多·达·芬奇、巴克敏斯特·富勒（Buckminster Fuller）等。水孩子会教会我们所有人一些东西，他对真理的深刻认识让土孩子所处的世界有了目标，滋养着木孩子的心灵手巧，赋予金孩子的图案以意义，为火孩子的充沛活力提供现实基础。虽然对于水孩子的教诲，我们这个世界并不总能听到，但只要你花时间耐心倾听孩子的智慧，他们会教给你一些很有意义的东西。

方法小结

- **满足"小狗心"**：利用金的威力来提升稳定性和结构性。尝试"时间"游戏和互动节拍器。

- **训练"小狗心"**：土的威力体现在粘合力上，让孩子参加社交技能课，加入社团，集体用餐。玩"我饿了1—2—3"游戏，为孩子准备蛋白质奶昔，对于食物里的咖啡因，不要过分担忧。

- **扩展"大人心"**：木的威力体现在肢体运动上，这包括走路冥思、徒步旅行、武术，以及瑜伽。尝试视觉疗法，允许适度玩一些电子游戏。

- **掌控"大人心"**：通过气功练习、冥思、游戏、唱歌、娱乐、顺势疗法、颅骶疗法、讲故事等培养火的威力。

后 记
Afterword

事实上，小儿多动症没有一劳永逸的解决方法，因为它不是一个单一的病症。我们每个人都以独特的方式获得成熟和自由，这一方式根植于我们的生活环境，我们置身其中并发现自我。老子说得好："环境让我们变得完整。"（作者的表述）但我们不能只做环境的消极接受方，我们的孩子教育我们，我们有未完成的任务。在为孩子勾勒解决方法的过程中，我们也在对自己的生活进行审视和规划。你这样做了，你就对自己在宇宙伟大神秘的运行——道——中扮演的角色有了新的认识。从根本上而言，本书说的是爱。当你看见你的孩子从束缚中解放出来，也能开阔你的心胸。我希望通过本书，你能发现孩子的本性，对身边的环境也有更多的理解与热爱。

泰德温兹，布鲁斯特沙丘，马萨诸塞州
2011年6月

致 谢
Acknowledgments

一本书就像作者的孩子一样，有其自身独特的构思、酝酿，其来源也是多方面的。本书得以完成，有赖于我的一对气质属火的双胞胎兄弟：弗兰克·里普曼和拉里·巴斯坎。拉里给了我勇气，让我走出自我束缚，弗兰克则确保我待在那里。我的两位导师哈里特·拜因费尔德和埃弗雷姆·康戈尔德，自从我十八年前坐在他们的工作室里，就一直对我悉心指导，可以说，没有他们的耐心和智慧的滋养，本书也将无法成形。

本书涉及的内容都已经被广泛而经常地实践，每当我经过这些实践者的家门，都会心存感激。他们的名字包括：史蒂文·昂、西娅·以利亚、卢楠、艾德·杨、肯·科恩、格里·布鲁斯特，以及伍迪·梅里尔，等等。本书的框架有赖于罗伯特·瑟曼的支持，在他位于门拉山脉的家里，本书的初稿得以公开。我亲爱的姐姐吉尔和好朋友兼好兄弟丹为本书提供了灵感,在他们的住所,本书得以完成。在写作本书的过程中,我得到了我的家人的大力帮助,他们是:本和凯特、瑞吉和彼得、南希、詹妮尔,以及小杰米。数不清的孩子们,他们一直都是我的老师;还有孩子们的家长,他们的问题为我指明了道路,没有他们的帮助,本书的完成也是不可能的。

此外,要真诚感谢New Harbinger出版社的编辑杰斯·奥布莱恩和卡罗尔·霍尼丘奇,感谢里弗赛德儿科医院的全体同仁,以及其他很多朋友,你们的耐心和容忍,使得本书得以成形——这在如今是件极为罕见的事。萨拉和艾米丽,用她们的气滋润着本书;乔治和特鲁迪,他们是本书的天与地,守护着我,愿他们面对这一微不足道的成果,能够一展欢颜。本书的完成,还有赖于我亲爱的苏珊,她的欢笑和爱给予了我力量,否则在这样一个疯狂而混乱的世界,没有她的依托,我将注定流离失所。愿本书能够像孩子一样,学会自己走路,并走得长远。

附 录

专注与走神的五种方式小结

Appendix

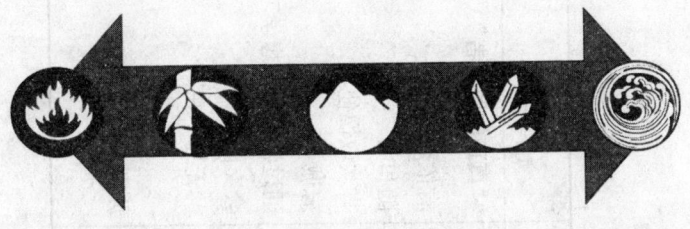

"大人心"：专注

木	火	土	金	水
"真正的英雄"	"真正的领导者"	"真正的照料者"	"真正的仲裁者"	"真正的圣人"
被运动吸引	被新奇、感觉吸引	有依恋感	被秩序和细节吸引	被深邃的意义吸引
雄心勃勃	个人魅力型	随和的	有辨别能力	内省的
喜欢探索	喜欢戏剧	喜欢取悦他人	喜欢逻辑	喜欢理论
目标驱动型	幽默	忠诚	正义的	富有想象力
通过挑战边界限学习	通过直觉学习	通过情境与联想学习	通过形式和原因学习	通过深度探究学习
果断	有同情心	会交际	讲究伦理规范	自我反思
"在流动中"	"高度投入"	"无处不在"	"毫厘不差"	"沉浸其中"
原型：开拓者	原型：魔法师	原型：调停者	原型：炼金术士	原型：哲学家

@Stephen Cowan 2009

"小狗心"：走神

木	火	土	金	水
"不服管教的孩子"	"班级小丑"	"自寻烦恼者"	"被困住的孩子"	"白日梦者"
因为静止而烦躁	因为无聊而烦躁	易受分离困扰	因为混乱而烦躁	易被想法困扰
与约束搏斗	冲动的	焦虑	行为固执	孤僻的
易产生挫败感	容易崩溃	没有条理	高度集中	冷漠
过于活跃	过度兴奋	犹豫不决	自以为是	固执
不友好	恐慌	思前顾后	强迫性	抑郁
喊叫	感官超载	爱管闲事	易失望	恐惧
紧张性头痛	低血糖	瘀伤	便秘	萎靡
肌肉抽搐	回流	胃痛	湿疹	疲劳
麻木	腹泻	肌肉无力	哮喘	背痛
			抽搐	忧郁症

@Stephen Cowan 2009

五类型芳香疗法

精油可于手洗浴、蒸发，或按摩时使用，也可与葵花油或乳霜一起使用。

木	火	土	金	水
极度活跃／紧张性头痛	冲动／过度敏感／腹泻	焦虑／由于担心导致的胃痛	高度集中／行为固执／便秘	冷漠／背痛
佛手柑精油 甘菊 小茴香 乳香精油 薰衣草 柠檬 薄荷 依兰精油	天竺葵 生姜 薰衣草 柑橘 橙花精油 玫瑰精油 绿薄荷 檀香精油 香根草 依兰精油	甘菊 肉桂 茴香 生姜 酸橙 柑橘 薄荷 紫檀	乳香精油 天竺葵 茉莉 薰衣草 橙 橘子 菖蒲	罗勒 鼠尾草 天竺葵 柑橘 凤梨 玫瑰精油 迷迭香

@Stephen Cowan 2009

五类型花精疗法

木	火	土	金	水
薄荷	石竹	大波斯菊	芹叶太阳花	铁线莲
精神紧张	感官超载	思前顾后	过于关注细节	过多空想
薰衣草	麻迪菊	粉薯草	大溪菊	野生胡萝卜
紧张	无法关注细节	界限不清	没有全局观	缺乏存在感
过度兴奋	白栗花	胡桃	金银花	迷迭香
雪松	思维过度活跃	抗豫不决	消极视野	脱离现实
注意力涣散	圣约翰麦芽汁	野生燕麦	琉璃苣	勿忘我草
过度活跃	极度兴奋	难以做决定	沮丧	寂寞与孤立
香根草	恐慌	番茄	薰衣草	
焦虑		担忧	紧张	
过度活跃		无法坚持目标	高度集中	
金花矮灌木			影响睡眠	
思维僵化			辣椒	
精神迟钝			思维停滞	
			旱金莲	
			思考过于极端	
			鱼尾菊	
			过于严肃	

@Stephen Cowan 2011

五类型顺势疗法

木	火	土	金	水
结核菌素	Medorrhinum①	碳酸钙	山道年花	氯化钠
从不满意	极度外向	单调乏味	抵触情绪	孤僻
焦躁不安	有始无终	丢三落四	顽固不化	消极
容易发火	丢三落四	浑身出汗	容易发火	缺乏动力
极度消极	手淫过度	体重超标	自我挑剔	被催时手忙脚乱
尿床	害怕独处	碳酸氧化钡	鼻子发痒	私下哭泣
狼蛛	车前草	丢三落四	讨厌干涉	唇疱疹
过于活跃	匆匆忙忙	易动气	肌肉拉伤	喜欢吃咸/意大利面
易冲动	回流	分离焦虑	过分敏感的大脑	蝎子
像蜘蛛一样爬行	缺乏毅力	喜欢吃冰	金	缺乏同情心
动作型抽筋	过分敏感	巨蟾蛇	容易沮丧	冷漠离群
洋甘菊	易冲动	话多	悲伤	喜欢独处
狂热的	辣椒	左侧症状	梦中啼哭	无动于衷
狂怒	懒惰	嫉妒	对噪音敏感	与世隔绝

续表

木	火	土	金	水
	超重		消沉	二氧化硅
焦躁不安	面频发红	藜芦	经常感冒	害羞
"管不住的孩子"	过分敏感	忙碌	**砷**	胆怯
狂犬病病毒	思乡	喋喋不休	神经过敏	冷淡
暴怒发作	**曼陀罗**	愁眉苦脸	惊吓	苍白
恐犬症	怕黑	焦躁不安	脆弱	皮肤问题
幽闭恐惧症	口吃	喜欢吃冰凉食物	绝望	
有自残冲动	诅咒		讨厌杂乱	
尿床	嫉妒		嗓子嘶哑	
			哮喘	
			对寒冷敏感	
			过度敏感	

@Stephen Cowan 2011

① Medorrhinum：一种顺势疗法中经常使用的药物，1842年由纽约医生萨缪尔·斯万发明，由引起淋病的细菌制造而成，可治疗多种具有淋病症状的疾病，包括妇科病。——译者注

五类型进食总则

木（酸）	火（苦）	土（甜）	金（辣）	水（咸）
小麦	小麦	小米	米饭	荞麦
坚果	坚果	甘薯	鸡肉	盐
山楂	红扁豆	山药	绿薄荷	鸡蛋
法国百合	法国百合	鹰嘴豆	迷迭香	鱼
花椰菜	花椰菜	扁桃仁	小萝卜（苦）	海藻
木莓	胡萝卜（甜）	樱桃	青葱（苦）	大麦，小米（甜）
胡萝卜（甜）	大黄	海枣	大蒜	酱油
葡萄	鳄梨	无花果	洋葱	味噌
橄榄（咸）	柠檬	甜菜	肉桂	泡菜（酸）
番茄（甜）	酸橙	胡萝卜（酸）	丁香	芝麻盐
大黄	橙	黄瓜	生姜	橄榄
鳄梨	泡菜	茄子	卷心菜	甜菜
柠檬	玫瑰果	土豆	花椰菜	甘蓝菜
酸橙		南瓜，山药	芹菜	蘑菇
橙		扁桃仁	黄瓜（甜）	菱角
泡菜		椰子	韭葱（酸）	
玫瑰果		番茄（酸）	豆瓣菜	
		苹果		
		香蕉		
		香瓜		
		杧果		
		木瓜		

@Stephen Cowan 2011

（注：关于食物的分类，专家分歧颇多。就像人一样，食物也是复杂的混合体，有些食物可用于不止一个类型，因此这个图表只是进食的总体原则，不可机械套用。）

参考书目
References

Ainsworth, M., M. Blehar, E. Waters, and S. Wall. 1978. *Patterns of Attachment*. Hillsdale, NJ: Erlbaum

American Psychiatric Association. 2000. *Diagnostic and Statistical Manual of Mental Disorders (DSM-IV-TR)*, 4th edition. Washington, DC: American Psychiatric Association.

Andersen, S. L., and M.H. Teicher. 2009. Desperately driven and no brakes: Developmental stress exposure and subsequent risk for substance abuse. *Neuroscience and Biobehavioral Reviews* 33(4):516-524.

Baumeister, H., and M. Härter. 2007. Mental disorders in patients with obesity in comparison with healthy probands. *International Journal of Obesity* 31:1155-1164.

Beinfield, H., and E. Korngold. 1992. *Between Heaven and Earth: A Guide to Chinese Medicine*. Ballantine Books

Blunden, S.L., C.M. Milte, and N. Sinn. 2011. Diet and sleep in children with attention deficit hyperactivity disorder: Preliminary data in Australian children. *Journal of Child Health Care* 15(1):14-24.

Charlton J.P., and I.D.W. Danforth. 2007. Distinguishing addiction and high engagement in the context of online game playing. *Computers in Human Behavior* 23(3):1531-1548.

Center for Disease Control Data and Statistics on Attention Deficit Disorder. 2007. http://www.cdc.gov/ncbddd/adhd/data.html

Cohen, K. 1997. *The Way of Qigong*. New York: Ballantine.

Edebol, H., A. Kjellgren, S. Bood, and T. Norlander. 2009. Enhanced independence and quality of life through treatment with flotation-restricted environmental stimulation technique of a patient with both attention deficit hyperactivity disorder and asperger syndrome: A case report. *Cases Journal* 2:6979.

Farr, S.A., W.A. Banks, and J.E. Morley. 2006. Effects of leptin on memory processing. *Peptides* 27(6):1420-1425.

Garvy, J.W. 1985. *The Five Phases of Food: How to Begin*. Newtonville, MA: Wellbeing Books.

Gómez-Pinilla, F. 2008. Brain foods: the effects of nutrients on brain function. *Nature Reviews Neuroscience* 9:568-578.

Granet D.B., C.F. Gomi, R. Ventura, and A. Miller-Scholte. 2005. The relationship between convergence insufficiency and ADHD. *Strabismus* 13(4):163-168.

Hinshaw, S.P., and S.M. Melnick. 1995. Peer relationships in boys with attention-deficit hyperactivity disorder with and without comorbid aggression. *Development and Psychopathology*, 7:627-647.

Johnson, S.L. 2000. Improving preschooler's self-regulation of energy intake. *Pediatrics* 106:1429-1435.

Jung-Beeman, M., E.M. Bowden, J. Haberman, J.L. Frymiare, S. Arambel-Liu, R. Greenblatt, P.J. Reber, and J. Kounios. 2004. Neural activity when people solve verbal problems with insight. *PLoS Biology* 2(4):0500-0510.

Kim, Y., M. Teylan, M. Baron, A. Sands, A. Nairn, and P. Greengard. 2009. Methylphenidate-induced dendritic spine formation and Δ FosB expression in nucleus accumbens. *Proceedings of the National Academy of Sciences* 106 (8): 2915-2920.

Kleinman, R.E., S. Hall, H. Green, D. Korzec-Ramirez, K. Patton, M.E. Pagano, and J.M. Murphy. 2002. Diet, breakfast, and academic performance in children. *Annals of Nutrition Metabolism* 46(1): 24-30.

Kraus de Camargo, O. 2010. The international classification of functioning, disability and health (ICF): An ideal framework for developmental-behavioral pediatrics. *Section of Developmental and Behavioral Pediatrics Newsletter* 20:11-13.

Kuo, F.E., and A.F. Taylor. 2004. A potential natural treatment for attention-deficit/hyperactivity disorder: Evidence from a national study. *American Journal of Public Health* 94(9):1580-1586.

Lam L.T., and L. Yang. 2007. Overweight/obesity and attention deficit and hyperactivity disorder tendency among adolescents in China. *International Journal of Obesity* 31(4):584-590.

Lin, L. 2009. Breadth-biased versus focused cognitive control in media multitasking behaviors. *Proceedings of the National Academy of Sciences* 106(37):15521-15522.

Lloyd A., D. Brett, and K. Wesnes. 2010. Coherence training in children with attention deficit hyperactivity disorder: Cognitive functions and behavioral changes. *Alternative Therapies in Health and Medicine* 16(4): 34-45.

MacLean, P.D. 1973. A triune concept of the brain and behavior. In The Hincks Memorial Lectures, T.J. Boag and D. Campbell, editors, pages 6-66. Toronto: University of Toronto Press.

MacLean, P. 1985. Brain evolution relating to family, play, and the separation call. *Archives of General Psychiatry* 42(4): 402-417.

Mannuzza S., R. Klein, H. Abikoff, and J. Moulton. 2004. Significance of childhood conduct problems to later conduct disorders among children with ADHD: a prospective followup study. *Journal of Abnormal Child Psychology* 32 (5): 565-573.

Marazziti, D., A. Del Debbio, I. Roncaglia, C. Bianchi, A. Piccinni, and L. Dell'Osso. 2008. Neurotrophins and attachment. *Clinical Neuropsychiatry* 5(2):100-106.

Mathiak, K., and R. Weber. 2006. Toward brain correlates of natural behavior: fMRI during violent video games. *Human Brain Mapping* 27(12): 948-956.

Mattson, M.P. 2008. Dietary factors, hormesis and health. *Ageing Research Reviews* 7(1): 43-48.

Mattson, M.P., and Calabrese, E.J. 2010. Hormesis: What it is and why it matters. In Hormesis: *A revolution in biology, toxicology and medicine,* M.P. Mattson and E.J. Calabrese, editors, pages 1-14. New York: Humana Press.

McCraty, R., and D. Childre. 2010. Coherence: bridging personal, social and global health. *Alternative Therapies in Health and Medicine* 16(4):10-24.

Moffitt, T.E., L. Arseneault, D. Belsky, N. Dickson, R.J. Hancox, H. Harrington, R. Houts, R. Poulton, B.W. Roberts, S. Ross, M.R. Sears, W.M. Thomson, and A. Caspi. 2011. A gradient of childhood self-control predicts health, wealth, and public safety. *Proceedings of the National Academy of Sciences* 108(7): 2693-2698.

National Institutes of Health. 1998. *Diagnosis and Treatment of Attention Deficit Hyperactivity Disorder.* NIH Consensus Statement. 16(2): 1-37.

Ophir, E., C. Nass, A.D. Wagner. 2009. Cognitive control in media multitaskers. *Proceedings of the National Academy of Sciences* 106(37): 15583-15587.

Osher, Y., Y. Bersudsky, and R.H. Belmaker. 2005. Omega-3 eicosapentaenoic acid in bipolar depression: report of a small open-label study. *Journal of Clinical Psychiatry* 66:103-112.

Oshi, K., S. Lad, M. Kale, B. Patwardhan, S.P.Mahadik, B. Patni, A. Chaudhary, S. Bhave, and A. Pandit. 2006. Supplementation with flax oil and vitamin c improves the outcome of attention deficit hyperactivity disorder (ADHD). *Prostaglandins Leukotrienes and Essential Fatty Acids* 74:17-21.

Parker, G., N.A. Gibson, H. Brotchie, G. Heruc, A. Rees, and D. Hadzi-Pavlovic. 2006. Omega-3 fatty acids and mood disorders. *American Journal of Psychiatry* 163: 969-978.

Parker, S., S. Greer, and B. Zuckerman. 1988. Double jeopardy: the impact of poverty on early child development. *Pediatric Clinics of North America* 35(6): 1227-1240.

Pitchford, P. 2002. *Healing with Whole Foods: Asian Traditions and Modern Nutrition.* Berkeley, CA: North Atlantic Books.

Rubinstein, J.S., D.E. Meyer, and J.E. Evans. 2001. Executive control of cognitive processes in task switching. *Journal of Experimental Psychology: Human Perception and Performance* 27(4): 763-797.

Sagan, C. 1980. Cosmos. New York: Ballantine.

Seah, M., and P. Cairns. 2008. From immersion to addiction in videogames. *British Computer Society* 1: 55-63.

Selye, H. 1978. *The Stress of Life,* 2nd ed. New York: McGraw-Hill.

Shaw, P., K. Eckstrand, W. Sharp, J. Blumenthal, J. P. Lerch, D. Greenstein, L. Clasen, A. Evans, J. Giedd, and J. L. Rapoport. 2007. Attention-deficit/hyperactivity disorder is characterized by a delay in cortical maturation. *Proceedings of the National Academy of Sciences* 104 (49): 19649-54.

Sibley, B., R.M. Ward, T. Yazvac, K. Zullig, and J.A. Potteiger. 2008. Making the grade with diet and exercise. *AASA Journal of Scholarship and Practice* 5(2): 38-45.

Sinn, N. 2007. Polyunsaturated fatty acid supplementation for ADHD symptoms: Response to commentary. *Journal of Developmental and Behavioral Pediatrics* 28(3): 262-263.

Sinn, N., and J. Bryan. 2007. Effect of supplementation with polyunsaturated fatty acids and micronutrients on learning and behavior problems associated with child ADHD. *Journal of Developmental & Behavioural Pediatrics* 28(2): 82-91.

Sobczak, S., A. Honig, A. Christophe, M. Maes, R.W. Heldingen, S.A. De Vriese, and W.J. Riedel. 2004. Lower high-density lipoprotein cholesterol and increased omega-6 polyunsaturated fatty acids in first-degree relatives of bipolar patients. *Psychological Medicine* 34(1): 103-112.

Soh, N., G. Walter, and C. Collins. 2009. Nutrition, mood and behavior: A review. *Acta Neuropsychiatrica* 21(5): 214-227.

Spence, I., and J. Feng. 2010. Video games and spatial cognition. Review of General Psychology 14(2): 92-104.

Su, K.P., S.Y. Huang, C.C. Chiu, and W.W. Shen. 2003. Omega-3 fatty acids in major depressive disorder. A preliminary double-blind, placebo-controlled trial. *European Neuropsychopharmacology* 13(4): 267-271.

Swing, E.L., D.A. Gentile, C.A. Anderson, and D.A. Walsh. 2010. Television and video game exposure and the development of attention problems. *Pediatrics* 126(2): 214-221.

Taheri, S., L. Lin, D. Austin, T. Young, and E. Mignot. 2004. Short sleep duration is associated with reduced leptin, elevated ghrelin, and increased body mass index. *PLoS Medicine* 1: 210-217.

Tang, Y., Q. Lu, X. Geng, E.A. Stein, Y. Yang, and M.I. Posner. 2010. Short-term meditation induces white matter changes in the anterior cingulate. *Proceedings of the National Academy of Sciences* 107(35): 15649-15652.

Tang, Y., Y. Ma, J. Wang, Y. Fan, S. Feng, Q. Lu, Q. Yu, D. Sui, M.K. Rothbart, M. Fan, and M.I. Posner. 2007. Short-term meditation training improves attention and self-regulation. *Proceedings of the National Academy of Sciences* 104(43):17152-17156.

Tang, Y., Y. Ma, Y. Fan, H. Feng, J. Wang, S. Feng, Q. Lu, B. Hu, Y. Lin, J. Li, Y. Zhang, Y. Wang, L. Zhou, and M. Fan. 2009. Central and autonomic nervous system interaction is altered by short-term meditation. *Proceedings of the National Academy of Sciences* 106(22): 8865-8870.

Weatherholt, T.N., R.C. Harris, B.M. Burns, and C. Clement. 2006. Analysis of attention and analogical reasoning in children of poverty. *Journal of Applied Developmental Psychology* 27(2): 125-135.

Wesnes, K.A., C. Pincock, D. Richardson, G. Helm, and S. Hails. 2003. Breakfast reduces declines in attention and memory over the morning in schoolchildren. *Appetite* 41(3): 329-331.

Zito, J., D. Safer, S. dosReis, J. Gardner, M. Boles, and F. Lynch. 2000. Trends in the prescribing of psychotropic medications in preschoolers. *JAMA* 2883 (8): 1025-1030.

读者回函表

姓名：_____　　性别：_____　　年龄：_____
教育程度：_____　　所在城市：_____
E-mail：_____　　联系电话：_____

您所购买的书籍名称：《火孩子　水孩子》

您有几个孩子：_____　孩子性别：_____　孩子年龄：_____

您在教育孩子的过程中遇到哪些问题：_____
_____

针对"父母学校书系"，您希望我们重点关注哪些养育问题？希望我们出版哪类图书？
_____

您对我们的其他建议或意见：
_____

您可以填完后拍照发送至：
wipub_sh@126.com

或扫描二维码在手机上作答。

期待您的参与！

图书翻译者征集

为进一步提高我们引进版图书的译文质量，也为翻译爱好者搭建一个展示自己的舞台，现面向全国诚征外文书籍的翻译者。如果您对此感兴趣，也具备翻译外文书籍的能力，就请赶快联系我们吧！

您是否有过图书翻译的经验：
☐ 有（译作举例：_____）　　☐ 没有

您擅长的语种：
☐ 英语　☐ 法语　☐ 日语　☐ 德语

您希望翻译的书籍类型：
☐ 文学　☐ 科幻　☐ 推理　☐ 心理　☐ 哲学
☐ 历史　☐ 人文社科　☐ 育儿

请将上述问题填写好，扫描或拍照后，发至 wipub_sh@126.com，同时请将您的应征简历添加至附件，简历中请着重说明您的外语水平。

更多好书资讯，敬请关注

万墨轩图书

用心做书 做好书 分享好书

家庭教育最终要走向自我教育。我们希望通过出版国内外专家学者的关于家庭建设、婚姻经营、亲子教育方面的书籍,为父母读者们带来一些启发,并在一定程度上提供有益的指导,帮助父母们更好地进行自我教育。

《屏瘾——当屏幕绑架了孩子怎么办》

[美] 尼古拉斯·卡达拉斯 著　常润芳 译

作者是美国一流的戒瘾治疗专家,他在书中告诉我们:无处不在的发光屏幕科技是如何深深地影响着我们整整一代人的大脑。焦虑、绝望和不稳定的情绪、小儿多动症甚至精神错乱,都与屏幕映像有关。对屏幕映像的过多观看,还会神经性地损伤人的大脑发育,这跟沉迷于可卡因的过程完全一样……尼古拉斯教授结合社会学、心理学,综合文化和经济等各方面因素,解读了正在全球蔓延的技术狂热症,探求了那些闪闪发光的新技术已经和将要对我们的孩子造成怎样的影响,并指出了戒除屏瘾的方法。

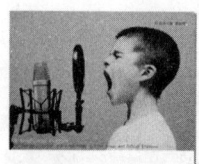   

《孩子压力大怎么办——用正念缓解压力和坏情绪》

[美] 埃米·萨尔茨曼 著　蒋春平 译

如今的儿童和青少年,承受了来自家庭、学校及同龄人的重重压力。如何才能帮助孩子掌握压力管理的技能,提高自我调节的能力,让他们健康快乐地成长？本书详细介绍了为期8周的正念课程,将帮助青少年改善自己的身体、精神及情感状态,迎接生活的挑战。

《孩子挑食怎么办——五步克服挑食、厌食和进食障碍》

[美] 卡特娅·罗厄尔 珍妮·麦格洛思林 著　贺赛男 译

许多关于孩子挑食方面的书都指出了孩子挑食的原因,但大多缺少实际的指导。本书提出的 STEPS+ 法在全美推广后,得到了广大父母的一致认可。该方法将帮助孩子自主地做出改变,一步步克服挑食、厌食和饮食障碍,享受美食。

《火孩子　水孩子——儿童多动症的五种类型及帮助孩子提高自尊与注意力的方法》

[美] 斯蒂芬·斯科特·考恩 著　刘洋 译

每个孩子的天性都是与生俱来的,很多注意力不集中的孩子并不是患有多动症,而只是没有给他们适合的注意力训练。本书将孩子们分为"金木水火土"五类,充分考虑了每个孩子独特注意力的方式,指出缓解造成其多动症状态的方法。

《性别探索之旅——年轻人的性别认同探索指南》

[美] 赖兰·杰伊·特斯塔 德博拉·库尔哈特 杰米·佩塔 著　马茜 译

欢迎加入这场探索之旅。你会发现,为了弄清楚是什么使你成了"你",有很多东西需要探索！比如,哪些与性别有关的因素使你成了现在的你；哪些性别之外的因素决定了你的性格、兴趣和自我……本书适合年轻人自己阅读,也适合青少年的父母阅读学习。